Hubert Braun

Wie Aufsteiger aus der Arbeiterschicht vom Bürgertum blockiert werden

Hubert Braun

Wie Aufsteiger aus der Arbeiterklasse vom Bürgertum blockiert werden

R. G. FISCHER
INTERBOOKs

Bibliografische Information der Deutschen Nationalbibliothek:
Die Deutsche Nationalbibliothek verzeichnet diese Publikation in der Deutschen Nationalbibliografie; detaillierte bibliografische Daten sind im Internet über http://dnb.dnb.de abrufbar.

Orber Str. 30, D-60386 Frankfurt/Main

Schriftart: Times New Roman
Herstellung: RGF/bf/SU F1
ISBN 978-3-8301-9493-1

Inhalt

Vorwort

Der Buchtitel enthüllt die Lügen von Lehrern, Managern und Politikern, die sich für Leistungsgerechtigkeit einsetzen. In Wirklichkeit geht es ihnen nicht um Leistungsgerechtigkeit, sondern um die Verfestigung und den Ausbau ihrer privilegierten Position. Sie klammern nicht nur die entscheidenden Karrierevorteile, die Bürgerkinder aufgrund ihrer Herkunft besitzen, vollkommen aus, sondern wollen damit die daraus resultierenden, immer krasser werdenden Unterschiede in Macht und Einkommen verteidigen. Hans-Olaf Henkel schließt in seinem Buch »Die Macht der Freiheit« ein Miteinander von Freiheit und Gleichheit aus und kritisiert das Überhandnehmen der Gleichheit. Aber Hans-Olaf Henkel hat leicht reden: Sein Vater war ein erfolgsverwöhnter Unternehmer mit einer Villa in der Rothenbaumchaussee in Hamburg. Henkel ist geburtsprivilegiert aufgewachsen und konnte einige Privilegien genießen. Er unterlag als Angehöriger der gut situierten bürgerlichen Gesellschaft weniger Beschränkungen, besaß mehr Spielraum, sich zu entfalten und seiner persönlichen Entwicklung stellten sich weniger Widerstände entgegen. Dagegen müssen Angehörige der Unterschicht häufiger und stärkere Frustrationen einstecken. Sie leiden unter einer starken Sprachbarriere und es fehlt ihnen die Möglichkeit, die Schwierigkeiten und Leiden zu verbalisieren und auf diese Weise konkret dingfest zu machen.

Wie schwer der Aufstieg aus der niedersten Arbeiterschicht

ist, hat der frühere Bundeskanzler Gerhard Schröder erlebt und es ist in seiner Autobiografie und in seinen Biografien nachzulesen. Schröder wirft der »gutsituierten bürgerlichen Gesellschaft« vor, dass sie ihm den Besuch des Gymnasiums verwehrt hat. Dieser Fall lag bei mir nicht vor, denn meine Schule wollte, dass mich meine Eltern im Gymnasium anmelden. Aber meine Eltern waren dagegen. Sie haben mich wegen meines Lerneifers und meines Aufstiegswillens abgelehnt und mich bei zunehmend häufigeren Bestnoten in der Schule und in Berufsausbildungen immer mehr gehasst.

Nach Art. 3 Absatz 3 des Grundgesetzes (Grundrecht der Chancengleichheit) darf die soziale Herkunft aus Arbeiterfamilien zu keiner Benachteiligung führen. Wie schwer dieses Versprechen umsetzbar ist, erleben aber Kinder schon in der Schule, wenn sie das falsche Elternhaus haben. Denn wenn die Eltern nicht wollen, kommen sie trotz der Empfehlung der Schule nicht auf das Gymnasium. Für ein begabtes und tüchtiges Kind aus einer Arbeiterfamilie führt die bildungsfeindliche Haltung der Eltern zu großen seelischen Belastungen. In solchen Familien gibt es keine Bildungsträume, denn es geht tagtäglich um das pure Überleben. Nicht akzeptabel ist, dass nach meiner Bewerbung für eine Lehrstelle in der Verwaltung die Betriebsfürsorgerin meine Familie aufgesucht und in einem Bericht verleumderische Behauptungen über meinen Vater niedergeschrieben hat, der zu den Personalakten genommen wurde: »Familienverhältnisse positiv. Vater trinkt über den Durst und geht zu anderen Frauen.« Dies verstößt nicht nur gegen die Vorschriften über die Führung der Personalakten, sondern kann nur als gezielte Verunglimpfung und Rufmordkampagne auch gegen meine Person interpretiert werden. Es ist schlichtweg ein Skandal! Dass einem Lehrling 1955 schon vor dem Start der Verwaltungsangestelltenlehre durch verleumderische Behauptungen über seinen Vater die Zukunft gezielt und in voller Absicht verbaut wurde, ist sicher einmalig. Ich kann mir nicht vorstellen, dass heute eine Verwaltung vor der Einstellung eines Lehrlings die Betriebsfürsorgerin zu den Eltern und den Nachbarn schickt, um das Umfeld des Lehrlings auszuforschen. Dieses Aktenstück habe ich viele Jahre später (1966) bei der Einsicht in meine Personalakten zur Kenntnis genommen. Jetzt wurde mir klar, warum in der Prüfung zum Diplom-Verwaltungswirt zwei Prüfer meine hart erarbeiteten Noten herabgesetzt haben. Danach habe ich das skandalöse und rechtswidrige Aktenstück in mein Unterbewusstsein verbannt. Ich habe mit niemanden darüber gesprochen. Ich brauchte über 50 Jahre bis ich zulassen konnte, dass das Vorgehen der städtischen Personalverantwortlichen in mein Bewusstsein aufsteigen durfte. Vorher hatte ich Mühe, es in meiner Seele festzuhalten. Aber die Verdrängung in meine Seele funktioniert jetzt nicht mehr und ich muss mich jetzt diesen Gemeinheiten stellen. Aus der Traumaforschung wissen wir, dass man 40, 50 Jahre braucht, um sich dem Schrecken und der Erinnerung zu stellen. Welcher Grund lag vor, dass die Personalakten eines Lehrlings schon vor Lehrbeginn derart präpariert wurden? Warum wollte der Personalchef auf meine Beschwerde gegen den Vermerk in den Personalakten diesen nicht ersatz-

los entfernen? Auf diese Fragen habe ich auch heute noch keine Antwort gefunden.
In Promotionsverfahren haben die Begünstigungsfälle zu Guttenberg, Schavan, Giffey usw. den Eindruck erweckt, dass nur diese Ausreißer das Uni-System belasten. Die Doktoranden, die willkürlich diskriminiert werden, werden in der Presse totgeschwiegen. Wer als Wissenschaftlicher Mitarbeiter bei seinem Professor promoviert, ist seinem Professor mit Haut und Haaren ausgeliefert. Der Professor ist Arbeitgeber, betreut die Doktorarbeit und beurteilt sie. Der Professor entscheidet über die Zukunft des Doktoranden. In meinem Fall hat die Streichung der Planstelle des Lieblingsassistenten durch die CDU-Landtagsmehrheit in Stuttgart bei meinem Professor eine Kurzschlussreaktion ausgelöst: Er hat mich im Promotionsverfahren einem gnadenlosen Mobbingprozess unterworfen mit dem Ziel, dass ich wutentbrannt meinen Job hinwerfe und die Promotion aufgebe. Zu diesem Zweck bewertete er Richtiges als falsch und gab meiner Dissertation eine Note, bei der es sich »um keine richtige Note handelt«. Dass in derart gelagerten Fällen auch die Verwaltungsjustiz keinen Rechtsschutz gewährt, widerspricht dem Rechtsstaatsversprechen des Grundgesetzes. Dabei ist doch bekannt, dass Gerichtsentscheidungen, die Gerechtigkeit nicht einmal anstreben und die weltweit gültigen Rechtsüberzeugungen grob verletzen, kein Recht schaffen. Denn zu den weltweiten Rechtsüberzeugungen gehört, dass Richtiges als richtig und Falsches als falsch beurteilt und bewertet wird. Aufgrund des Einsatzes des damaligen Dekans und des Uni-Präsidenten hat mir der Prodekan die

Doktorurkunde ausgehändigt mit folgendem Satz: »Wir haben unser Mögliches für Sie getan. Mehr können wir nicht für Sie tun. Man muss im Leben auch Unrecht verkraften.«
Die gut situierte Bürgerschicht (quer durch alle Parteien) bekämpft im Schul- und Berufsleben soziale Aufsteiger aus der Arbeiterschicht mit allen Mitteln, ohne Rücksicht auf Verluste. Zuerst wird ihnen durch die Zusammenarbeit der Eltern und Lehrer der Gymnasialbesuch verwehrt. Wenn sie sich mit unglaublicher Selbstdisziplin und Opferbereitschaft hochkämpfen wollen, werden ihre Leistungen abqualifiziert. Der frühere Glaube, dass man in Deutschland durch Bildung aufsteigen kann, hat sich als Illusion herausgestellt. Nach wie vor ist die soziale Schicht, aus der jemand kommt, entscheidend für den gesamten Lebensweg. Das Elternhaus bestimmt den Zugang zur deutschen Elite ganz direkt. Nicht die Qualifikation, sondern die soziale Herkunft ist entscheidend für die Lebens- und Berufschancen. Die Folge ist, dass wir in Deutschland keine Leistungselite, sondern eine Herkunftselite haben. Didier Ebiron (Rückkehr nach Reims. 2018 Seite 112 f.) spricht sogar von einem »Krieg« gegen die Beherrschten.
Ich wusste damals nicht, dass die gut situierte Bürgerschicht eifersüchtig darüber wacht, dass Karrieren in Wirtschaft, Verwaltung und Universität ihren Kindern – also den »Erben« sozialer und ökonomischer Privilegien – vorbehalten bleiben. Dies verstehe ich erst jetzt. Ich war aus meiner Herkunftsfamilie geflohen und wurde doch von meiner Herkunft eingeholt. Man sieht an meinem Werdegang, dass der wahre Wert von Prüfungen von der sozialen Position des

Absolventen abhängt. Es geht um das soziale Kapital, auf das man zurückgreifen kann. In solchen Situationen kommt es auf die Hilfe der Familie an, auf Beziehungen, auf ein Netzwerk von Bekannten. Mein soziales Kapital war aufgrund des schlechten Rufs meines Vaters und des Vermerks in meinen Personalakten extrem negativ. Dies erklärt meine vergeblichen Bemühungen, mir durch besondere Leistungen Anerkennung und Beförderungschancen zu erarbeiten. Denn meine Erlebnisse zeigen, dass ich mein Leben lang um die verdiente Anerkennung betrogen wurde. Deshalb war mein Weg in der Gesellschaft von sozialen Zurücksetzungen, Ressentiments, Diskriminierungen, Kränkungen und Beleidigungen geprägt.

Seit meiner Zurruhesetzung funktioniert die Verdrängung meiner Kindheits- und Jugenderlebnisse nicht mehr. Der Alkoholismus meines Vaters und das kaputte Familienleben waren durch seine Kriegserlebnisse ausgelöst worden. Damit lässt sich aber die mangelnde Bildungsförderung durch meine Eltern bzw. ihre Bildungsfeindlichkeit nicht entschuldigen. Ich habe mir über das bildungsfeindliche Verhalten meiner Mutter nach meiner Zurruhesetzung Gedanken gemacht. Ich habe lange gebraucht, bis ich realisiert habe, dass meine Mutter wegen meiner intellektuellen Begabung neidisch und missgünstig war. Als Kind geht man doch davon aus, dass die Eltern für ihre Kinder das Beste wollen. So schreiben es Gerhard Schröder, Hartz, Stoiber in ihren Autobiografien. Aber meine Mutter lehnte mich aufgrund meiner intellektuellen Begabung ab und hat mir mein Leben lang geschadet. Sie wollte mit allen Mitteln verhindern, dass ich mich weiterbilde und einen sozialen Aufstieg schaffe. Damit brachte sie ihren Neid und ihre Missgunst auf mein Talent zum Ausdruck. Sie hat daher meine Aktivitäten zum Aufstieg ihr Leben lang mit allen Kräften bekämpft. Meine Mutter hat noch im Alter von 93 Jahren damit geprahlt, dass sie allen ihren Kindern eine Lehre ermöglicht habe. Meinen sozialen Aufstieg nahm sie einfach nicht zur Kenntnis. Meine Mutter hatte bezüglich der Ausbildung aller Kinder einen begrenzten Horizont.

Ich habe meine dargelegten Erlebnisse mit der Promotion abgeschlossen. Leider musste ich bis zur Promotion um Bildung und Leistungsgerechtigkeit kämpfen. Ich habe diesen Kampf nicht immer gewonnen und dann tiefe seelische Verletzungen erlitten. Anschließend ging der Kampf um Leistungsgerechtigkeit im Berufsleben weiter. Die unterschiedlichen Startchancen ziehen sich eben durch das gesamte Berufsleben. Man kann also sagen, dass die Herkunft aus einer Arbeiterfamilie über die gesamte Lebensspanne wirkt. Der Herkunftseffekt wiegt deutlich schwerer als das Geschlecht. Und durch die Privilegierung der Frauen wird der Aufstiegshorizont der Arbeiterkinder weiter eingeschränkt.

Gegenwärtig unterscheiden sich die Lebens- und Berufschancen der Kinder der Oberschicht, der gehobenen Mittelschicht und der Arbeiterschicht gewaltig: Denn die Kinder der Oberschicht stehen im Hundertmeterlauf des Lebens schon in der Ziellinie, während die Kinder der gehobenen Mittelschicht an der 50-Meter-Marke und die Kinder der Arbeiterschicht an der Startlinie stehen mit falschem Sport-

dress und mit zu großen Sportschuhen ohne Schnürsenkel. Zu den Aufgaben eines Staates gehört aber, diese Unterschiede einzuebnen, da in einer globalen Welt sich der Staat die Verschwendung von Talenten nicht mehr leisten kann. Eine Rechtsgrundlage gegen diverse Diskriminierungsmerkmale bietet das Allgemeine Gleichbehandlungsgesetz, das aber die »soziale Herkunft« ausklammert. Bei dem im Grundgesetz (Art. 3 Absatz 3) garantierten Recht auf Chancengleichheit handelt es sich daher um die größte Verfassungs- und Lebenslüge in Deutschland! Dies gehört zur Verlogenheit des Staats- und Wirtschaftssystems. So werden Talente verschwendet.
Sowohl für die geburtsprivilegierte Schicht als auch für Aufsteiger aus der Arbeiterschicht handelt es sich um ein Tabuthema. Wir müssen uns aber dem Thema endlich widmen; es aus der Tabuzone holen, Nachteile ausgleichen und die unterschiedlichen Startbedingungen berücksichtigen, indem wir Förderprogramme für Arbeiterkinder in der Schule einrichten. Wie bei der Förderung der Frauen müssen auch für Arbeiterkinder Quoten für Führungspositionen in der Verwaltung, den Universitäten, in der Justiz, in den Parlamenten und in der Wirtschaft vorgegeben werden.
Die Namen der Akteure habe ich weitgehend verfremdet. Ich lasse aus Gründen der Übersichtlichkeit die besondere Schreibweise der weiblichen Form weg.

Kapitel 1

Kindheit
(bis zum 14. Lebensjahr)

Kindheit während des Krieges

Es war das zweite Kriegsjahr, als ich in Stuttgart in einem Luftschutzkeller während eines Bombenangriffs geboren wurde. Als Geburtshelfer fungierte der jüngste Bruder meiner Mutter, der Heimaturlaub erhalten hatte. 1940 hatte das Deutsche Reich Frankreich besiegt und die Engländer konnten ihre Expeditionsarmee in Dünkirchen retten. Die deutsche Luftwaffe flog viele Bomberangriffe gegen London und Südengland. Zur Vergeltung warfen englische Bomber über Berlin und auch Stuttgart Bomben ab. Stuttgart wurde deshalb ab 1940 von Luftangriffen heimgesucht. Meine Familie wohnte in Stuttgart in einem Mehrfamilienhaus. Mein Vater hatte bei der Stadtverwaltung gearbeitet. Er wurde zu Kriegsbeginn zur Wehrmacht in eine Kaserne in Heilbronn eingezogen. Er war im Frankreichfeldzug 1940 dabei und verbrachte danach seine Soldatenzeit aufgrund seines Lebensalters (er war 1899 geboren) als Besatzungssoldat in Frankreich. Mein Vater war nach seiner Rückkehr aus dem Krieg und der Kriegsgefangenschaft bis 1946 in einem französischen Kriegsgefangenenlager im Elsass äußerst wortkarg, sodass ich über seine Erlebnisse nichts berichten kann. Leider haben meine Schwestern bei der Räumung der Wohnung in Stuttgart 1993 den Wehrpass weggeworfen. Auch meine Mutter hat sich über die Erlebnisse meines Vaters im Krieg ausgeschwiegen.

Ich war das vierte Kind meiner Eltern. Meine älteste Schwester Erika war zehn Jahre,

meine zweitälteste Schwester Else sechs Jahre und meine

jüngste Schwester Rosemarie zwei Jahre älter. Nach mir erhielt die Familie Zuwachs durch meinen Bruder Fritz. Meine Mutter und wir fünf Kinder wurden wegen der vielen Luftangriffe auf Stuttgart 1943 in die Gemeinde Altersberg, Ortsteil Horlachen, Kreis Backnang (heute Gemeinde Gschwend Ostalb-Kreis) evakuiert. Wir wohnten in einer sehr kleinen Dachgeschosswohnung, darunter befand sich eine Gaststätte. Da meine Mutter auf einem Bauernhof in der Gegend aufgewachsen war, kannte sie das Landleben. Sie half daher umliegenden Bauern beim Ernten. Auf den abgeernteten Feldern haben wir Ähren gelesen, auf den abgeernteten Kartoffeläckern fanden wir noch kleine Kartoffeln und im Wald Bucheckern. Ich kann mich lediglich ab 1943 an meine Kindheit in der Gemeinde Gschwend erinnern. Mir hat es dort sehr gefallen. Zum Ende des Krieges erinnere ich mich noch heute sehr genau an zwei Erlebnisse: Als wir unterwegs zu unseren Verwandten in der Gemeinde Gschwend waren, wurde ein Tiefflieger auf uns aufmerksam. Er steuerte seine Maschine direkt auf uns zu und feuerte eine Rakete in unsere Richtung, die haarscharf an uns vorbeischoss.

Im März 1945 sind in der Gemeinde Altersberg die US-Streitkräfte mit Panzern angekommen. Die Gemeinde liegt in einer waldreichen Umgebung (Welzheimer Wald). Der Volkssturm hatte Panzersperren errichtet, die aber für die vielen Panzer kein Hindernis darstellten. Weiterer Widerstand wurde nicht geleistet. Kurz bevor die ersten Panzer in Horlachen auf dem Dorfplatz ankamen, hat sich der Leiter der Volksschule, der zugleich NSDAP-Ortsgruppenleiter

war, Herr Marstaller, mit seiner Pistole erschossen. Mir ist dies damals sehr nahegegangen, da er mich ein paar Minuten vorher auf den Arm genommen hatte. Ich kann mich noch genau daran erinnern, dass nach dem Einmarsch der US-Streitkräfte ein US-Soldat unsere kleine Wohnung nach Wertsachen durchsuchte. Er musste unverrichteter Dinge wieder abziehen.
1946 endete die Evakuierung. Meine Mutter und wir Kinder kehrten in unsere Wohnung in Stuttgart zurück, da unser Vater aus der Kriegsgefangenschaft entlassen wurde. Meine Mutter und wir Kinder saßen auf der Pritsche eines holzgefeuerten Lkw hinter den Möbeln, die wir 1943 nach Altersberg (heute Gschwend) mitgenommen hatten, als plötzlich ein vorbeifahrender Pkw-Fahrer uns ein Zeichen gab. Er fuhr weiter, um auch unserem Fahrer ein Handzeichen zu geben. Unser Lkw-Fahrer hielt daraufhin am Straßenrand an. Es war höchste Zeit, denn der Holzofen hatte ein Feuer auf der Pritsche des Lkw ausgelöst und die direkt hinter dem Holzofen stehenden Möbel brannten bereits. Gemeinsam mit dem Lkw-Fahrer löschten wir den Brand und die Fahrt ging weiter nach Stuttgart.

Kindheit in Stuttgart

Stuttgart war damals eine einzige Trümmerwüste und Ruinenstadt. Da sich unser Wohnhaus außerhalb des Zentrums befand, war es unversehrt geblieben. Mein Vater erwartete uns bereits. Er war nach seiner Einsatzzeit als Besatzungssol-

dat in Frankreich im Elsass in einem Kriegsgefangenenlager festgehalten worden. Mein Vater war zu Kriegsbeginn zur Wehrmacht eingezogen worden und hatte am Polenfeldzug teilgenommen. Danach war er beim Frankreichfeldzug dabei und gehörte anschließend zu den Besatzungstruppen. Er war ziemlich abgemagert, hatte aber seine Arbeit im städtischen Friedhofsamt inzwischen wieder aufgenommen. Unsere Wohnung war 64 qm groß, bestand aus einem Wohnzimmer, einem elterlichen Schlafzimmer und einem kleinen Kinderzimmer. In dem Kinderzimmer waren meine drei Schwestern untergebracht, mein Bruder und ich schliefen im Schlafzimmer der Eltern. Im Jahre 1951 heiratete meine älteste Schwester Erika und zog mit ihrem Ehemann in eine Wohnung in der Birkenwaldstraße in Stuttgart. In der kleinen Wohnung lebten jetzt noch sechs Personen auf engstem Raum.
Nach seiner Rückkehr aus der Kriegsgefangenschaft hatte mein Vater ein Alkoholproblem, das vor dem Krieg nicht bestanden hatte (lt. meiner Mutter und meinen viel älteren Schwestern). Er besuchte nach seinem Arbeitstag häufig eine Gaststätte und trank ein paar Bier. Danach machte er sich auf den Heimweg und kam dort in einem aggressiven Zustand an. Da mein Vater mit wenig Taschengeld auskommen musste, vermute ich, dass ihm seine Arbeitskollegen Freibier spendierten, denn mein Vater ging nur im alkoholisierten Zustand aus sich heraus, zeigte eine unterhaltsame und charmante Art. Wenn mein Vater am Samstag und Sonntag zu Hause blieb, trank er zum Abendessen ein Bier, mehr Alkohol gab es nicht. Dann lag er in sich gekehrt auf der Couch und schlief. Man merkte gar nicht, dass er da war!

Meine drei Schwestern Erika, Else und Rosemarie schliefen in dem kleinen Zimmer der 3-Zimmer-Wohnung, das mit drei Betten und einem Kleiderschrank vollgestellt war. Mein Bruder war zwei Jahre jünger als ich. Er und ich übernachteten im Schlafzimmer der Eltern. Zuhause verhielt sich mein Vater ziemlich aggressiv. Weder meine Mutter noch wir beide konnten zu Bett gehen, bevor sich mein Vater zum Ausschlafen seines Rausches auf der Couch ruhig verhielt. Meine Mutter war auf meine Hilfe und Unterstützung angewiesen, denn sonst wäre sie mit ihrem gewalttätigen Ehemann, der sich im Delirium befand, nicht fertig geworden.

Meine Schwestern bekamen von dem aggressiven Verhalten meines Vaters wenig mit, da sie sich in ihr kleines Zimmer zurückzogen und sich dort aufhielten. Im Grunde genommen waren nur meine Mutter, mein jüngerer Bruder Fritz und ich involviert. Involviert waren wir in jedem Falle, da es einige Zeit dauerte, bis mein Vater sich ausgetobt hatte und auf der Couch im Wohnzimmer seinen Rausch ausschlief. Da aber Fritz und ich im Schlafzimmer unserer Eltern nächtigten, gab es für uns kein Entrinnen. Meine Mutter konnte auf meine aktive Hilfe zählen, da ich mit meiner hilfsbereiten Einstellung meiner Mutter in jedem Fall helfen wollte. Fritz und ich mussten aushalten, was unsere Eltern inszenierten. Fritz war zwei Jahre jünger und daher für Hilfeleistungen zu klein. Durch die an mehreren Werktagen in der Woche inszenierten Alkoholexzesse wurde mein Elternhaus zum Tollhaus und zur Hölle. Normalität sah anders aus.

Mein Vater hat sich um seine Kinder nach dem Krieg nicht

gekümmert. Meine drei älteren Schwestern hatten dies vor dem Krieg anders erlebt. Lediglich zu meinen Schwestern Else und Rosemarie pflegte er noch ein inniges und herzliches Verhältnis. Wenn er am Wochenende auf der Couch lag und eine der Schwestern das Wohnzimmer betrat, hörte ich sie sagen: »Ja, der Päppi ist da«, oder: »Ja, da ist ja der Päppi.« Mein Vater antwortete dann stereotyp: »Ja, da ist ja das Nüdele«, oder: »Ja, da ist ja das Rösle«, oder: »Ja, wie geht's dem Nüdele (Rösle)?« Damit waren der Worte genug gewechselt. So in den Raum gestellt, hört sich dieser Dialog komisch an, war es aber nicht. Hinter diesen kurzen Begrüßungsformeln verbarg sich eine ungeheure Herzlichkeit und Zärtlichkeit, und zwar auf beiden Seiten. Das Begrüßungsritual war immer das Gleiche. Mehr Worte wechselten mein Vater und meine Schwestern nicht. Denn mein Vater war ein extrem wortkarger Zeitgenosse. Er spürte wohl, dass ich ihn wegen seines Alkoholproblems und dem durch ihn zerstörten Familienleben hasste. Während er meine beiden Schwestern Else und Rosemarie vergötterte, hatte er zu mir und meinem jüngeren Bruder ein distanziertes Verhältnis. Beide Schwestern konnten sich gut fühlen, sie waren ja von dem Alkoholproblem wenig betroffen.

Meine Mutter versorgte meinen Vater optimal, damit er seinen Job nicht verlor. Ich erlebte allerdings nie, dass meine Mutter meinem Vater, wenn er nüchtern war, Vorwürfe machte. Sie zeigte ihm gegenüber Verständnis.

Das Geld war immer knapp. Zum Monatsende gab es oft nur Nudeln und Kartoffeln ohne Beilagen. Das Verhalten meines Vaters verstärkte noch die armen Verhältnisse und die

beengten Wohnverhältnisse. Aber mein Vater war hart im Nehmen, denn er stand jeden Morgen nach den gewalttätigen Nächten um 6 Uhr auf, machte sich fertig und verließ um 7 Uhr die Wohnung. Er hatte zu seiner Arbeitsstätte einen kurzen Gehweg von 20 Minuten.
Durch des Alkoholverhalten meines Vaters hatte meine Mutter für ihn emotional nichts mehr übrig. Sie ließ ihn emotional verhungern, denn er durfte sie nicht einmal am Arm berühren. Sie wies ihn sofort brüsk zurück. Meine Mutter war unglaublich prüde. Über Gefühle zu reden, war ein Tabu. Meine Mutter war auf der anderen Seite ein Bündnis mit dem Alkoholismus ihres Partners eingegangen: Ihr gesamtes Denken, Fühlen und Handeln drehte sich nur um den Alkoholsüchtigen an ihrer Seite: Wie kann ich ihm helfen, dass er wieder zu einem normalen Familienleben ohne Alkohol wie vor dem Krieg zurückfindet? Wie kann ich verhindern, dass die Umgebung noch mehr darauf aufmerksam wird? Wie helfe ich ihm, seinen Arbeitsplatz zu behalten? Wie kann ich Verwandten und Nachbarn den Eindruck vermitteln, dass meine Kinder unter dem Alkoholproblem nicht leiden?
Meine Mutter konnte nach dem damaligen Stand der Suchtforschung nicht wissen, dass sie dazu beitrug, dass ihr Ehemann trank. Sie konnte nicht wissen, dass sie ihm zum Weitertrinken einen Freibrief erteilte, indem sie für ihn Verständnis zeigte, hinter ihm her putzte. Aber meine Mutter bemühte sich, die Probleme im Zusammenhang mit dem Alkoholismus nicht noch schlimmer zu machen. Sie verharmloste das abendliche aggressive Verhalten meines

Vaters gegenüber Verwandten und Nachbarn. Natürlich bekamen die Nachbarn die Verhältnisse mit. Meine Mutter erschien als die Gute, die alles richtig machte. Da die Alkoholabhängigkeit meines Vaters nach dem Krieg unser Leben auf allen Ebenen beeinflusste, musste meine Mutter ihr eigenes Handeln und ihre Motive nicht überprüfen. Ich stellte meine Mutter sogar auf einen Sockel.

Meine Mutter suchte die Schuld für den Alkoholismus bei seinen Eltern, die sein sängerisches Talent nicht fördern wollten. Nach seiner Rückkehr aus französischer Kriegsgefangenschaft im Jahre 1946 hat er über seine Erlebnisse im Polenfeldzug, in Frankreich und in der französischen Kriegsgefangenschaft nie ein Wort verloren. Wir merkten nicht, dass diese Erlebnisse an ihm nicht spurlos vorübergegangen waren. Er war eigentlich ein introvertierter Typ, ein schüchterner und unsicherer Zeitgenosse, der alles in sich hineindrückte. Er ging nur im alkoholisierten Zustand aus sich heraus, war charmant und fühlte sich sicher und brillant. Während er in nüchternem Zustand auf der Couch lag und kein Wort redete, stand er unter Alkohol im Mittelpunkt der Familie. Der Krieg und die anschließende Kriegsgefangenschaft hatten einen an sich gefühlsstarken Mann so verändert, dass er in seinen Gefühlen blockiert war und über seine Kriegserlebnisse nicht reden konnte.

Die Eltern meines Vaters waren 1940 gestorben. Die Eltern meiner Mutter lebten noch auf dem kleinen Bauernhof in der Gemeinde Gschwend im Ostalb-Kreis, wo meine Mutter mit sieben Geschwistern aufgewachsen war. Meine Großeltern mütterlicherseits sind 1975 gestorben; sie zeigten an ihren

Stuttgarter Enkeln keinerlei Interesse. Heute bin ich mir klar darüber, dass meine Mutter auf dem kleinen Bauernhof eine lieblose und karge Kindheit erlebt haben muss, weshalb sie auch keine Liebe und Wärme weitergeben konnte.
Ich litt stark unter den Verhältnissen, unter den schlaflosen und gewalttätigen Abenden und Nächten. Ich ging jeden Morgen zur Schule und tat so, als wenn nichts gewesen wäre, war oft total übermüdet und erschöpft. Ich schämte mich in der Schule und in der Nachbarschaft meiner häuslichen Verhältnisse. Meine Eltern inszenierten ein erbärmliches Ehe- und Familienleben. Ich wollte nicht darüber reden, obwohl mir dies ermöglicht hätte, mich kurzzeitig zu erleichtern. Ich litt ständig unter Schuldgefühlen, obwohl doch nicht ich das Alkoholproblem hatte. In meiner Kindheit und später hörte ich oft andere sagen: »Du kannst ja nichts dafür, dass dein Vater trinkt.« Aber je öfter ich solche Sätze hörte, desto deutlicher erkannte ich, dass das betrunkene Verhalten mit mir in Verbindung gebracht wurde. Ich schämte mich für meinen Vater.
Meine Mutter glaubte, sie könne das Trinkproblem mit Verständnis lösen. Sie fühlte sich als Opfer; sie erzählte überall – auch noch nach dem Tod meines Vaters – von dem Alkoholproblem und was für ein schweres Schicksal sie dadurch erlitten habe. Sie wollte bedauert werden, brauchte dies wie eine Droge, da es ihr kurzzeitig Erleichterung brachte. Dass sie mit dieser Erzählfreude ihren Kindern enormen Schaden zufügte, interessierte sie nicht. Aber durch den Alkoholismus waren meine Eltern nur mit sich selbst beschäftigt. Meine Mutter hat des Öfteren laut darüber nachgedacht, ob

sie sich von ihrem Ehemann trennen sollte. Diesen Entschluss hat sie dann gleich verworfen. Dahinter steckte die Angst, dass der Familie dann der Verdienst fehlen würde. Aber die bestmögliche Versorgung meines Vaters und die Angst meiner Mutter um den Verlust des Arbeitsplatzes haben meinem Vater nicht geholfen, von seiner Sucht loszukommen. Das Alkoholproblem, das meine Mutter bei meinem Vater nicht ansprach, war auch bei uns Kindern ein Tabuthema.

Dass meine Mutter sich von ihrem Ehemann nicht getrennt hat, war gegenüber uns Kindern eine Rücksichtslosigkeit. Meine Mutter hat vergessen, was sie uns Kindern zumutete und uns angetan hat. Diese Zumutung bezog sich nicht nur auf die ärmlichen Familienverhältnisse, die gewalttätigen und schlaflosen Nächte, sondern auch auf das Ansehen und das Image, das wir bei Nachbarn und Verwandten genossen. Ob meine Mutter darauf gehofft hat, dass ihr Mann eines Tages dem Alkohol abschwört, weiß ich nicht. Meine Mutter ging hin und wieder in die Kirche. Ich war Mitglied im CVJM, der in der Evangelischen Erlöserkirche hauptsächlich aus Jungen der besseren Schicht bestand.

Meine Mutter machte meinem Vater, wenn er nüchtern war, keinerlei Vorwürfe. An ein Gespräch zwischen den beiden kann ich mich beim besten Willen nicht erinnern. Ohnehin bestand die Kommunikation zwischen den beiden Elternteilen und zwischen meiner Mutter und mir nur aus Informationen, Kritik und Tadel. Meine Eltern haben mir nie Liebe, Aufmerksamkeit und Unterstützung gegeben. Meine Mutter war sehr dominant und bestimmend, mein Vater hatte nichts zu melden. Sicherlich hing dies auch damit zusammen, wie er sich im betrunkenen Zustand aufführte und verhielt. Weder meine Mutter noch mein Vater haben mich jemals gefragt, wie es mir geht. Das Verhalten meines Vaters war alles andere als väterlich, schon gar nicht fürsorglich für die Familie. Mein Vater zeigte am Familienleben keinerlei Interesse und hat mehr Probleme geschaffen. Nur über die Weihnachtsfeiertage wurde auch bei uns ein bisschen auf Familie gemacht. Ein geschmückter Tannenbaum gehörte dazu. Am Heiligabend gab es Knackwurst mit Kartoffelsalat, auch kleine Geschenke. Danach spielten wir zusammen »Mensch ärgere Dich nicht«. Auch mein Patenonkel besuchte uns und brachte meinem Bruder und mir ein Geschenk. Dies und die Konfirmationsfeiern gehören zu den positiven Erlebnissen, die ich in meinem Gedächtnis gespeichert habe.

Warum hat meine Mutter das Alkoholproblem, wenn Vater nüchtern war, nicht mit ihm besprochen bzw. wenigstens angesprochen? Warum hat sie ihm keine Konsequenzen angedroht? Offenbar waren ihr die Lebensverhältnisse, die sie ihren Kindern bot, egal. Als Co-Abhängige hatte meine Mutter nur noch das Alkoholproblem ihres Ehemannes im Blickfeld und ihre Angst um den Verlust seines Arbeitsplatzes. Im Falle der Trennung bzw. Scheidung konnte sie nicht sicher sein, dass sie von ihrem Ehemann Unterhalt erhalten würde. Eine Alleinerziehende mit vier Kindern hätte aber schon damals monatliche Fürsorgeleistungen erhalten, die über dem Nettoverdienst meines Vaters lagen. Unser Lebensstandard wäre also höher gewesen. Wir hätten uns eine größere Wohnung leisten können, sodass Fritz und ich

ebenfalls ein eigenes Zimmer erhalten hätten. Aber vor allem hätten wir im Ansehen bei den Nachbarn und Verwandten gewonnen.
Wir Geschwister haben uns über das Alkoholproblem nie unterhalten. Auch außerhalb der Familie durfte ich nichts erzählen. Aber mein ängstlicher Gesichtsausdruck hätte jeden Kinderpsychiater stutzig gemacht. Denn an Werktagen nahm gegen Abend meine Angst, dass mein Vater alkoholisiert nach Hause kommt, immer mehr zu. Meine Familie war mit dem Alkoholproblem alleingelassen. Es gab damals noch keine Suchtberatungsstellen, auch keine Selbsthilfegruppen. Ich verachtete meinen Vater wegen seines Alkoholproblems und schrieb dieses seinem labilen Charakter zu.
Ich war in der Schule immer etwas beunruhigt, wenn zu Schuljahresbeginn der Lehrer im Klassenzimmer die Berufe der Väter abgefragt und notiert hat. Wenn mein Vater wenigstens in seinem Schlosserberuf gearbeitet hätte, aber nur »städtischer Arbeiter« war wirklich die unterste Stufe. Heute bin ich der Meinung, dass die öffentliche Abfrage des Berufs des Vaters der Einschüchterung der Kinder aus der Arbeiterschicht diente. Warum übte mein Vater nicht seinen erlernten Beruf des Schlossers aus?
Ich war mit einem Mitschüler befreundet, der durch seine sportliche Fitness und Stärke Respekt bei den Klassenkameraden genoss. Die Freundschaft basierte auf einem Zweckbündnis: Wenn ich meine Hausaufgaben gemacht hatte, habe ich sie an meinen Freund weitergereicht. Mit meinem Freund und einem Gleichaltrigen, der in der Nachbarschaft

wohnte, habe ich zwischen dem 12. und dem 14. Lebensjahr im Sommer Fahrradausflüge zum Krähenwald bis Botnang unternommen. Das Fahrrad hatte ich aus mehreren kaputten Fahrrädern zusammengebastelt. Ich war hierauf sehr stolz. Die Erziehung meiner Mutter war entsprechend dem damals vorherrschenden Erziehungsstil autoritär. Meine Mutter setzte auf Zwang unter ständiger Verwendung von Tadel, Kritik und Aggression. Es gab keine Zuneigung, keine Zärtlichkeit, kein Lob. Im Elternhaus wurde meiner Person und meiner intellektuellen Begabung keinerlei Interesse entgegengebracht. Meine Mutter lehnte mich gerade wegen meiner schulischen Erfolge ab. Ich fand bei ihr kein Gehör und durfte sie nicht mit Fragen und Problemen ansprechen, da sie mich sofort brutal zurückwies. Meine Mutter hat sich also um mich nicht gekümmert, sie hat mich lediglich versorgt. Ich durfte keine Fragen stellen, musste alle Probleme verdrängen und in mich hineinfressen. Ich war zurückhaltend, nachdenklich, schüchtern, gehemmt und still. So wurde ich erzogen. Ich wurde sehr verschlossen, erzählte von mir nichts und zog mich in mich selbst zurück. Die autoritäre Erziehung setzte meine Mutter mit Sprüchen wie: »Wenn Erwachsene reden, haben Kinder zu schweigen«, oder: »Kinder dürfen nur reden, wenn sie gefragt werden«, durch. Wenn ich ihren Anweisungen nicht sofort nachkam, folgte sogleich der nächste Spruch: »Wer nicht hören will, muss fühlen!«, und dann drohte sie mit einer Kopfnuss am Hinterkopf. Dies nannte sie »Knöcheln«. So habe ihr Vater sie behandelt. Sie drohte also mit Gewalt, wobei doch schon allein die Drohung eine Form von Gewalt darstellt. Somit

duldete meine Mutter keinen Widerspruch, keine Aufmüpfigkeit und keine Frechheit.
Meine Mutter behandelte mich wie einen Stuhl, den man wegstellt, wenn man ihn nicht braucht. Wenn ich ihr im Haushalt half, durfte ich in der Wohnung bleiben. Anderenfalls schickte sie mich auf die Straße und dies bei Wind und Regen, Sommer und Winter. Dies empfand ich als eine Strafe und als Mangel an Geborgenheit und Zuneigung. Zunächst habe ich mich dagegen aufgelehnt, passiven Widerstand geleistet und bin nicht aus der Wohnung gegangen. Aber meine Mutter ließ nicht locker. Als weitere Drohung kam ihr Spruch: »Solange du deine Füße unter diesen Tisch steckst, tust du, was ich sage. Dort hat der Schreiner die Tür hingemacht.« Beim letzten Satz machte sie dann eine bestimmende Armbewegung in Richtung Wohnungstür. Reagierte ich dann immer noch nicht, legte sie ihre Faust an meinen Hinterkopf; sie zeigte, dass sie ihre Drohung mit dem »Knöcheln« jetzt wahr machen wollte. Spätestens jetzt rannte ich aus der Wohnung und fügte mich ihrem Willen.
Ich durfte mich bei meiner Mutter über erlebte Ungerechtigkeiten nicht beschweren; es gab keinen elterlichen Beistand. Sie unterbrach mich sofort mit dem Satz: »Das ist deine Schuld. Das hast du dir selbst zuzuschreiben und es ist deine Sache.« Sie war also mit mir nie solidarisch. Meine Mutter war nie an meiner Seite. Sie hat mich kontrolliert, aber nicht beschützt. Die abweisende Haltung meiner Mutter führte dazu, dass ich sie nicht mehr ansprach. Ich durfte ihr überhaupt nichts erzählen, da sie dies als Belästigung empfand.

Auch hierfür hatte sie Sprüche parat: »Reden ist Silber, Schweigen ist Gold.«
Ich durfte also zuhause keine aggressiven Impulse zeigen; sie verlangte unbedingte Gehorsamspflicht. Denn vor dem Knöcheln hatte ich Angst. Ich empfand das Schicken auf die Straße als Unrecht, unterdrückte aber meine aggressiven Impulse, da ich Angst vor den angedrohten Folgen, vor dem noch strengeren Verhalten meiner Mutter und der Gewaltandrohung hatte. Meine Aggression verschwand dadurch aber nicht, sondern wurde in meiner Seele eingebunkert. Sie wollte sich eben mit mir nicht unterhalten. Dass sie meine Gesprächsversuche mit der Schuldzuweisung »Das ist deine Schuld« blockierte, führte dazu, dass ich sie nicht mehr ansprach. Mir blieb nichts anderes übrig, als alle erlebten Ungerechtigkeiten in mich hineinzudrücken. Ich konnte meine persönlichen Erlebnisse niemandem mitteilen. Dies führte dazu, dass ich noch Jahre später über persönliche Dinge nie gesprochen habe.
Aber eigentlich war ich ein Stubenhocker, der Bücher lesen wollte. Das einzige Buch in der Wohnung war die Bibel, die ich intensiv studierte. Mich interessierte vor allem das Alte Testament. Außerdem lieh ich mir in der Leihbücherei Bücher aus. Ich las alles, was mir in die Hände kam: Tom Prox, Billy Jenkins, U-Boot-Abenteuer. Mit der Zeit ging ich zu klassischer Literatur über, wobei ich immer mehr Gefallen an Dostojewski, Tolstoi und Puschkin fand. Da ich im Schlafzimmer der Eltern übernachtete, konnte ich mich zum Lesen nicht in ein eigenes Zimmer zurückziehen. Lesen konnte ich nur im Wohnzimmer und das störte meine Mutter.

Sie wollte dies nicht akzeptieren, hatte etwas dagegen. Da ich gewohnt war, mich zurückzunehmen und anzupassen, keine Ansprüche zu haben, war ich für meine Eltern sehr bequem.
Ab 1950 arbeitete meine mittlere Schwester Else in der Schweiz. Jetzt gehörten zum Haushalt außer meinen Eltern nur noch meine zwei Jahre ältere Schwester Rosemarie, mein zwei Jahre jüngerer Bruder Fritz und ich. Mit Rosemarie verstand sich meine Mutter recht gut. Sie tratschte mit ihr den ganzen Tag. Während Rosemarie sich mit meiner Mutter über ihre ersten Erlebnisse mit jungen Männern austauschte, mussten mein jüngerer Bruder Fritz und ich alle Probleme verdrängen und in uns hineinfressen. Meine Mutter ging entsprechend dem damaligen Zeitgeist davon aus, dass emotionale Gespräche nicht zum Mannsein gehören, also sah sie auch keinen Grund, sich mit uns zu unterhalten. Sie setzte bei meinem Bruder und mir auf ein Klima der Gleichgültigkeit und Nichtwahrnehmung. Meine Mutter hat mich zu einem emotionalen Krüppel erzogen; sie schenkte mir keinerlei Aufmerksamkeit. Für mich blieb nur die Flucht in die innere Emigration, die Verschlossenheit und der Rückzug. Ich litt unter den Verhältnissen von Instabilität, emotionaler Kälte, Respektlosigkeit, mangelnder Förderung und Gleichgültigkeit. Liebe, Wärme, Schutz, Respekt, Stabilität und Förderung waren für meine Eltern Fremdwörter
Die Privilegierung meiner älteren Schwestern war in meiner Familie jede Sekunde spürbar. Meine älteste Schwester hatte immer noch großen Einfluss, obwohl sie längst ausge-

zogen war, allerdings in Stuttgart wohnte. Wenn meine jüngste Schwester, die nur zwei Jahre älter war als ich, mich grundlos beschimpfte, habe ich mir dies nicht gefallen lassen. Dies führte zu schweren verbalen Auseinandersetzungen. Meine Mutter unterstützte das aggressive und verletzende Verhalten meiner jüngsten Schwester, bewunderte sie sogar. Mir blieb nichts anderes übrig, als mich emotional einzubunkern. Denn Gefühle von Wut, Zorn, Verzweiflung und Trauer durfte ich nicht zeigen. Nach dem Studium der Geschwisterkonstellationen nehme ich heute an, dass ich meine jüngste Schwester, von ihrem »Thron« gestoßen habe. Dies hat vermutlich bei ihr die unbegründeten Aggressionen ausgelöst.

Wir besuchten ein- oder zweimal im Jahr meinen Patenonkel. Ansonsten verbrachten meine Eltern die Wochenenden zu Hause, schickten meinen Bruder und mich aber auf die Straße, wo wir uns dann als einzige Kinder langweilten. Meine Mutter gab sich alle Mühe, das Alkoholproblem meines Vaters gegenüber Verwandten und Außenstehenden zu vertuschen und zu verschleiern. Den Verwandten gaukelte sie vor, dass mein Vater sich im betrunkenen Zustand friedfertig verhalte und auf der Couch seinen Rausch ausschlafe. Vor allem wollte sie zeigen, dass der Alkoholismus ihre Kinder nicht belaste. Daher durfte ich nicht zeigen, was ich fühlte. Ich musste immer ein fröhliches Gesicht und eine freundliche Miene aufsetzen. Dies ist der Grund, warum ich auf Fotos aus meiner Kindheit fröhlich dreinschaue. Wenn ich zu Hause ernst schaute, rügte mich meine Mutter sofort. Der Wunsch meiner Mutter, immer eine freundliche Miene

zur Schau zu stellen, war eine Lüge. Die Situation musste also anders dargestellt werden, als sie in Wirklichkeit war. Dies war eine infame Lüge! Dadurch musste ich nach außen den Eindruck vermitteln, dass mein Leben besser wäre, als es in Wahrheit war. Meine Mutter bemühte sich, nach außen hin die Fassade von Normalität, Ordnung und Anständigkeit aufrechtzuerhalten. Sie war hart und kontrollierend, gereizt und abweisend. Normalität bzw. ein normales Familienleben habe ich in meinem Elternhaus nur an Weihnachten kennengelernt. Wenn mein Vater werktags in der Wohnung in betrunkenem Zustand eintraf, machte er aus unserem Familienleben ein Tollhaus. Zu Hause gab es aber keinen Alkohol mehr. Heute bin ich der Meinung, dass seine ständigen Attacken gegen meine Mutter und meinen Bruder und mich dadurch ausgelöst wurden, dass er keinen Alkohol mehr bekam. Er zeigte also Entzugserscheinungen. Der Alkoholismus meines Vaters führte zu einem verrückten Familienleben. Ich litt darunter furchtbar, musste hierbei nach außen sogar noch fröhlich dreinschauen.
Ich nahm mich eigentlich als Person gar nicht wahr. Ich habe daher verlernt, über mich zu reden. Die Folge war, dass ich mich in Bescheidenheit übte und mich nie wichtig nahm! Die Ablehnung durch meine Eltern führten bei mir zu der Überzeugung, dass ich ein total uninteressanter und langweiliger Zeitgenosse bin. Ich war gewohnt, dass sich für meine persönlichen Erlebnisse in der Familie niemand interessierte. Es ging in meinem Elternhaus wirklich nur um das nackte Überleben. Meine Kindheit bestand im Grunde genommen nur aus trostlosen Verhältnissen. Ich verdrängte

alle unerfreulichen und widerwärtigen Erlebnisse und das versaute Ansehen bei Nachbarn, Bekannten und Verwandten ins Unterbewusstsein und bunkerte sie in meiner Seele ein. Weil ich aber sehr feinfühlig veranlagt war, zog ich mich in mein Innerstes zurück. Allerdings traf das Etikett Introvertiertheit auf mich nicht zu, da ich schon damals ein sehr aktiver Mensch war.

Ich wollte nach der 4. Schulklasse in der Volksschule auf die Oberschule wechseln. Ich wollte Wissen ansammeln, später studieren. Ich gehörte in der Klasse zu den Besten, verfügte über eine gute und schnelle Auffassungsgabe und war sehr fleißig. Meine Lehrerin wollte mich unterstützen und übergab mir einen Brief an meine Eltern mit der Aufforderung, mich im Gymnasium anzumelden und bei ihr in der Lehrersprechstunde vorbeizukommen. Aber meine Mutter wollte davon nichts wissen und zerknüllte den Zettel. Meine Begabung und meine intellektuellen Interessen hatten für sie keinerlei Bedeutung. Sie wollte alle ihre Kinder möglichst bald loshaben.

Als mich die Lehrerin im neuen Schuljahr in der 5. Klasse sah, kam sie auf mich zu und fragte mich erstaunt und überrascht: »Warum bist du noch hier?« Ich erwiderte: »Meine Mutter möchte nicht, dass ich eine höhere Schule besuche.« Meine Lehrerin in der 4. Klasse nahm dies mit Bedauern zur Kenntnis. Hiervon erstattete ich meiner Mutter mit vorwurfsvoller Stimme Bericht. Daraufhin gab sie mir folgende Antwort in bestem Hochdeutsch: »Warum hast du dich da nicht angemeldet?«

Ich war über diesen dummdreisten Spruch geschockt und

ärgerte mich über ihre Antwort. Ich kenne heute kein Kind, das mit zehn Jahren Formalitäten zum Übertritt auf das Gymnasium selbst erledigen kann. Nachdem auch der Pfarrer Merkle der Meinung war, dass ich auf eine höhere Schule wechseln sollte, bemühte er sich um einen Platz im Evangelischen Internat in Maulbronn. Ich war damit einverstanden und hoffte, dass seine Bemühungen von Erfolg gekrönt würden. Allerdings teilte er mir mit, dass meine Eltern monatlich 50 DM zuschießen müssten. Da das Geld in meiner Familie äußerst knapp war, war dies für meine Mutter ein Hindernis, das ihr sehr gelegen kam. Ich verblieb daher wegen der ablehnenden Haltung meiner Mutter und der Geldknappheit frustriert auf der Volksschule. Ich habe zu Hause nur Behinderungen in der Entwicklung meines Talents erlebt. Mein Talent verkümmerte auf der Volksschule.

Die Empfehlung der Schule, mich im Gymnasium anzumelden, steigerte die Ablehnung meiner Mutter gegen mich. Das ging ihr gewaltig gegen den Strich, da sie ihren Kindern nur die Volksschule und eine Lehrzeit im Büro ermöglichen wollte, diese aber nach Ende der Lehrzeit das Elternhaus verlassen sollten. Sie ließ mich ihre Abneigung deutlich spüren. Meine Geschwister nahmen die Empfehlung der Schule zur Anmeldung im Gymnasium gleichgültig zur Kenntnis. Dies bestätigte meine Mutter in ihrer Ablehnung meiner intellektuellen Begabung. Ich sollte nach dem Willen meiner Mutter so früh wie möglich Geld verdienen und auf eigenen Beinen stehen. Aber in mir brannte das Feuer meiner intellektuellen Begabung, für die sich allerdings nur meine

Lehrerin im 10. Lebensjahr interessiert hatte. Meiner Mutter war es mehr als lästig, dass ich für die Schule Interesse zeigte. Sie bekämpfte meine intellektuelle Begabung und meine geistigen Interessen und Neigungen mit allen ihr zur Verfügung stehenden Mitteln.

Ich fühlte mich von meiner Mutter nie verstanden. Ich habe erst heute begriffen, dass meine Mutter auf mich seit dem 10. Lebensjahr neidisch war. Trotzdem hing ich an ihr während meiner Kindheit, da sie meine einzige Bezugsperson war. Meine Mutter konnte eigentlich nur negative Äußerungen von sich geben. Sie hat mich in meiner Kindheit mit negativen Sprüchen, Drohungen und Kommentaren verunsichert. Sie war gar nicht fähig, positiv zu denken und ein Lob auszusprechen. Sie hat mir nie emotionale Unterstützung und Zuwendung gewährt. Sätze wie: »Komm wir unterstützen dich, hast du toll gemacht«, oder: »Ich bin stolz auf dich«, habe ich nie gehört. Wenn ich ihr als Kind von meinen Erfolgen in der Schule berichtete, ließ sie niemals Freude erkennen, und das bereitete mir einigen Kummer. Meine Mutter war meiner intellektuellen Begabung und meinem Lerneifer gegenüber ablehnend eingestellt. Sie wollte sich in ihrem Vorsatz, dass alle ihre Kinder nach der acht Jahre dauernden Volksschule eine Bürolehre absolvieren und dann ein eigenständiges Leben führen sollten, nicht beirren lassen. Meine guten Zeugnisse, schon in den höheren Schulklassen, lösten daher bei ihr Gegenwind und Abneigung aus. Meine Mutter akzeptierte mich nicht und nahm an meinem Leben keinen Anteil. Eigentlich sollte zu Hause der Ort sein, an dem Kinder Geborgenheit, Schutz

und Verständnis für ihre Probleme finden. Aber in meiner Familie war alles anders: Es war der Ort, an dem ich am wenigsten geschützt wurde, wo Nichtachtung, mangelnde Aufmerksamkeit und Blockade meines Talents meinen Alltag bestimmten. Meine Wünsche wurden ignoriert. Wie soll ein Mensch, der in seiner Kindheit nur frustrierende Erlebnisse anhäuft, in der Kindheit ein gesundes Selbstbewusstsein entwickeln?
Es ist schwierig, der heutigen Jugend zu vermitteln, welche Auswirkungen die zwölf Jahre Drittes Reich, der Zweite Weltkrieg und die nachfolgenden schwierigen Zeiten auf die Generation meiner Eltern hatten. Meine Eltern waren durch die Erziehungsideologie im Dritten Reich geprägt, in dem Gefühle keinen Raum hatten. Deshalb musste ich bei meinen Eltern meine Gefühle unterdrücken und verdrängen, obwohl ich ein sehr gefühlsbetonter Mensch bin. Aber meine Gefühle waren tief innen immer noch vorhanden. Wenn im Rundfunk ergreifende Opern- oder Operettenarien erklangen, kam mein Vater ins Schluchzen. Meine Mutter machte dann abweisende Bemerkungen. Mein Vater war zu intensiven Gefühlen fähig, die aber meine gefühlskalte und kaltherzige Mutter nicht teilte. Szenen in Filmen oder Opern und Operetten, in denen aufrichtige Gefühle von intensiver Nähe wie Wärme, Geborgenheit, Liebe, Zuneigung, Anerkennung und Lob, Aufmunterung und Verständnis, Freundschaft und Zugewandtheit dargestellt wurden, lösten auch in mir Traurigkeit aus und führten zu Tränen der Rührung. Auch heute noch führen bestimmte Arien aus Opern von Verdi (La Traviata, Rigoletto, Der Troubadour, Aida), Wag-

ner (Rienzi, Lohengrin, Tannhäuser, Tristan und Isolde), Bizet (Carmen), Mascagni (Cavalleria Rusticana), Donizetti (Lucia di Lammermoor), Leoncavallo (Bajazzo), Tschaikowsky (Pique Dame, Eugen Onegin) usw. im Radio oder im TV, in denen sich intensive Gefühle menschlicher Nähe ausdrücken, dazu, dass durch meine Brust eine Erschütterung, ja, ein Beben geht und ich einen Kloß im Hals habe. Mir kommen dann die Tränen, was mir natürlich in Gegenwart anderer (z. B. im Theater) mehr als peinlich ist. Ganz deutlich spüre ich dann meinen Magen. Ich habe das Gefühl, dass mich die aus meiner Seele aufsteigenden Kräfte und impulsiven Gefühle fest im Griff haben, sodass sie mich beherrschen und ich sie nicht kontrollieren kann. Ich möchte ein Meer von Tränen vergießen, mich auflösen im Weltall. Leider habe ich in meiner Familie solche zwischenmenschlichen Gefühle bei den anderen Familienangehörigen nie erlebt und kennengelernt. Denn das Leben in meiner Familie prägte meine Mutter. Meine Mutter hat mich nach dem 6. Lebensjahr nie mehr in die Arme genommen. Nachdem Gefühle bei meiner Mutter keinen Platz hatten, meine Mutter sie nicht wollte und nicht ertragen konnte, ging ich davon aus, dass Gefühle nur schädlich sind.

Im 50. Lebensjahr – also 1952 – hat meine Mutter eine Putzstelle bei einer Familie in Stuttgart angetreten. Der Ehemann arbeitete als Studienrat an einer Oberschule in der Stuttgarter Innenstadt. Zur Familie gehörten drei Söhne und eine Tochter. Meine Mutter hat ihren Nebenjob an zwei Nachmittagen in der Woche, am Dienstag und Donnerstag von 14–18 Uhr ausgeübt.

Mein Lehrer ab der 5. Klasse hieß Peter Böcking. Er manipulierte meine Mutter und mich mit dem Spruch: »Ein guter Volksschüler ist besser als ein schlechter Oberschüler.« Diesen Spruch muss ich heute als Verdummungsstrategie für einfach gestrickte Menschen wie meine Mutter einstufen. Die Einstellung des Herrn Böcking entsprach dem Vorurteil des Bildungsbürgertums. Die beiden Kinder der Familie Böcking besuchten höhere Schulen. Heute muss ich feststellen, dass er mit seiner Äußerung Arbeiterkinder von höheren Schulen fernhalten wollte. Denn der Sohn Siegfried besuchte die Realschule, die Tochter die Oberschule. Siegfried war arrogant und litt unter Selbstüberschätzung. Peter Böcking war der erste Vertreter des Bildungsbürgertums, der mit seiner Autorität als Lehrer höhere Schulen der gut situierten Schicht vorbehalten wollte. Als Lehrer hätte er doch die Aufgabe gehabt, meine intellektuelle Begabung zu fördern, denn ich habe ab der ersten Klasse immer zu den Klassenbesten gehört; ich verfügte schon damals über eine ausgezeichnete Auffassungsgabe.

Ich habe zwischen dem 10. und 14. Lebensjahr bei dem Ehepaar Böcking in Haushalt und Garten gearbeitet, und zwar wöchentlich etwa 2–6 Stunden. Ich erntete in ihrem großen Garten Kirschen, Äpfel, Aprikosen und Mirabellen sowie Stachelbeeren und rote Beeren. Böckings bewohnten in Stuttgart in bester Lage ein großes Haus, das Frau Böcking von ihrer Mutter geerbt hatte. Das Ehepaar Böcking brauchte mich für die Gartenarbeit. Eigentlich wäre es doch die Aufgabe meines Lehrers gewesen, mein intellektuelles Talent zu fördern. Aber Peter Böcking verfolgte nur seine

eigenen egoistischen Ziele mit meinem Arbeitseinsatz in Haus und Garten. Natürlich kam Peter Böcking mit seinem Spruch meiner Mutter sehr entgegen, denn diese erhielt von ihm die Bestätigung, dass es richtig war, mich nicht auf der Oberschule anzumelden. Bei Böckings habe ich eine Nische abseits der verqueren Lebensverhältnisse meiner Familie gefunden. Ich kam einige Stunden in der Woche in eine bürgerliche Umgebung. Auf der anderen Seite fühlten sich Böckings Arbeitern haushoch überlegen und schauten auf sie herab. Aber Frau Böcking gab mir Zuneigung und Wärme. Frau Böcking tadelte ihren Sohn dafür, dass er sich vor der Gartenarbeit drückte. Allerdings verlangte sie von ihrer 18 Jahre alten Tochter keinerlei Mitarbeit. Ich erlebte also das gleiche Bild wie in meiner Familie: Rücksichtnahme auf die Bedürfnisse und Interessen der Tochter bzw. Verwöhnung, im Gegenzug kritisches und tadelndes Verhalten gegenüber dem Sohn. Meine Mutter war meiner Kinderarbeit gegenüber positiv eingestellt, denn sie war froh, wenn ich mich nicht in der Wohnung aufhielt. Außerdem stellte das verdiente Obst nach Ernteeinsätzen eine Bereicherung des Speiseplans dar. Meine Mutter hat meinen Arbeitseinsatz bei Böckings nie kommentiert, da es ihr recht war, wenn ich außerhalb des Elternhauses versorgt wurde.
Wenn ich mir heute über meine Motivation und den Nutzen meines Arbeitseinsatzes bei Böckings Gedanken mache, komme ich zu dem Ergebnis, dass ich bei dem Ehepaar Böcking eine Nische zum Überleben gefunden hatte. Ich erhielt Einblick in ein normales Familienleben. Frau Böcking beutete mich aus, gab mir aber Streicheleinheiten

für meine Seele, die ich zu Hause nicht erhielt. Böckings boten mir ein Gegengewicht zu der Familienatmosphäre der Lieblosigkeit, dem lieblosen, kalt- und hartherzigen, lernfeindlichen und ablehnenden Elternhaus mit den Tollhaus-Nächten.

In den Sommerferien 1950 bis 1955 habe ich bei der Schwester meiner Mutter – also einer Tante – in der Gemeinde Gschwend im Ostalb-Kreis gearbeitet. Meine Tante bewirtschaftete einen kleinen Bauernhof; ihr Ehemann – der den Bauernhof in die Ehe mitgebracht hatte (seinerzeit formulierte man dies anders: Tante Rosel hatte in den Bauernhof eingeheiratet) – war im 2. Weltkrieg vermisst und dann von ihr für tot erklärt worden. Ich arbeitete in den Sommerferien von morgens bis abends auf dem Bauernhof: Heu ernten, Getreide ernten, den Stall ausmisten usw. Vor dem Einholen des Heus musste ich den Kühen das Geschirr anlegen, sie vor den Wagen spannen und das Fuhrwerk durch das Dorf hinaus auf das Feld bringen. Es war ein mächtiges Gefühl, mit der Peitsche in der Hand neben den Zugtieren herzugehen und sie zu kommandieren, auch wenn sie meistens von allein wussten, was sie zu tun hatten. Ich merkte und genoss das Gefühl, Verantwortung für die Einholung des Heus zu tragen. Die drei Kühe zogen nicht nur Wagen und Pflug, sondern gaben natürlich auch Milch. Heute bringt eine Kuh 30 l pro Tag, bei meiner Tante Rosel waren 4 l normal. Morgens und abends fuhr ich die frisch gemolkene Milch mit einem Leiterwagen zu einer Sammelstelle am Rande von Gschwend. Die Arbeit machte mir eigentlich Freude. Wenn ich bei meinem Ernteeinsatz gefragt wurde,

was ich denn einmal beruflich werden möchte, antwortete ich voller Überzeugung: »Bauer.« Mir gefiel die Tätigkeit an der frischen Luft, der Umgang mit den Kühen. Ohnehin liegt Bauernhof in der Gemeinde Gschwend im Außenbereich und ist sehr idyllisch gelegen.
In meiner Familie herrschte aufgrund des Alkoholproblems meines Vaters ständig eine angespannte, gedrückte und gereizte Atmosphäre. Die beengten Wohnverhältnisse taten ein Übriges. Die materielle Not war groß. Kindergeld und Kinderzulage, Wohngeld, Elterngeld, Erziehungsgeld, Grundsicherung usw. gab es damals noch nicht. Statt Butter kam Margarine auf das Brot. Fleisch kam nur selten auf den Tisch und wenn, nur am Sonntag. Wurst gab es auch nur selten. Taschengeld erhielten Kinder wie ich damals generell nicht. Meine Eltern konnten sich keine Urlaubsreise leisten. Das Leben in Stuttgart war eine sehr ernste und ärgerliche Angelegenheit. Meine Eltern waren total humorlos. Ich habe meine Eltern nie Witze oder Blödsinn machen sehen. Sie waren gezwungen, sich an die Verhältnisse und ihre Umgebung anzupassen. Meiner Mutter als »Landkind« fiel es nicht leicht, sich an die städtischen Verhältnisse anzupassen. Sie war ohne Bildung durch das Leben gegangen, das in Stuttgart aufgrund der beengten Wohnverhältnisse, der materiellen Not und des Alkoholismus' ihres Ehemannes immer nur ein Kampf um das pure Überleben war. Dass ihr Leben aber auch das Ergebnis einer schrecklichen Ungerechtigkeit ist, die Oben und Unten schon seit ewigen Zeiten festgezurrt hatte, das kam ihr nicht in den Sinn. Sie war der Meinung, dass die Zugehörigkeit zu Schichten vorgegeben

ist. Meine Eltern gingen prinzipiell Konflikten aus dem Weg, auch Konfrontationen. Mein Vater verhielt sich in nüchternem Zustand ohnehin schüchtern und introvertiert. Meine Mutter garnierte meine Erziehung zu Höflichkeit und Nachgiebigkeit mit dem Spruch: »Bescheidenheit ist eine Zier.« Den zweiten Teil des Sprichworts: »... doch weiter kommt man ohne ihr«, unterschlug sie.

Damals war das Eintreten für meine eigenen Bedürfnisse bei mir etwas unterentwickelt. Ich bestand aus Hilfsbereitschaft, Freundlichkeit und Entgegenkommen, was man heute unter Helfersyndrom zusammenfasst. Ich erlebte, dass meine Mutter mich nur akzeptierte, wenn ich ihr im Haushalt half. Auch das Ehepaar Böcking honorierte meine Leistungen mit Anerkennung, Lob und Wertschätzung. Dies hatte für mein späteres Leben die Auswirkung, dass ich mir Anerkennung und Wertschätzung der Vorgesetzten und vorgesetzten Stellen durch Leistung erarbeiten wollte. Daraus wurde ein Workaholic, der gierig auf die Anerkennung im Business war.

Neben der Schule gab es noch andere Dinge in meinem Leben, die mich erfreuten. Ich wurde am 27. März 1955 in der Ev. Erlöserkirche Stuttgart konfirmiert. Wir hatten die Kirche von außen und innen geschmückt, hatten unsere Konfirmationskleider und -anzüge bekommen und mussten nun der Gemeinde in dem voll besetzten Gotteshaus zeigen, dass wir uns in Glaubensdingen auskannten. Der Pfarrer stellte Fragen, die uns eine Woche vor dem Fest zugeteilt worden waren. Es ging um den Inhalt eines Psalms oder die Bedeutung eines Gebots, er wollte auch wissen, was sonst in der Bibel steht. Wer aufgerufen wurde, musste die passende Antwort vortragen. Ich erinnere mich nicht daran, was ich gefragt wurde. Meine Mitkonfirmanden und ich hatten aber alle Antworten parat. Den Höhepunkt der Konfirmation bildete nach dem Gottesdienst die große Feier zu Hause. Für einen Konfirmanden zählen natürlich die Geschenke, die zusammenkommen. Natürlich waren diese damals klein, kamen aber von Herzen.

Mein erlerntes Rollenverhalten war in mein Unterbewusstsein eingebrannt. Meine Sprachfertigkeit war eigentlich unterentwickelt. Ich überspielte meine Unsicherheit mit Freundlichkeit, Höflichkeit und Bescheidenheit. Ich habe in meiner Familie viel Falsches gelernt. Meine Erfahrung, dass die Mutter das Familienleben bestimmt, kann nicht verallgemeinert werden, da damals in den meisten Familien der Vater das Familienleben bestimmte. Großen Einfluss auf das Denken und Handeln meiner Mutter hatten meine Schwestern

Meine Mutter duldete mich nur in der Wohnung, wenn ich ihr bei der Hausarbeit zur Hand ging. Ich wich mit meinem Bildungsinteresse und meiner unglaublichen Selbstdisziplin von den Vorstellungen meiner Mutter total ab. Meine intellektuelle Begabung löste bei ihr Gegenwind und Ablehnung aus. Sie war der Auffassung, dass ein junger Mann schon früh eine Freundin haben müsse. Deshalb hat sie meine Aktivitäten zum beruflichen Aufstieg nie akzeptiert. Sie konnte sich mit meiner zukunftsorientierten Lebensführung nie anfreunden. Mit meiner Opferbereitschaft passte ich nicht zur Arbeiterschicht. Die Denkstrukturen meiner Mut-

ter und ihre Verhaltensmuster waren aber ihr Leben lang schichtenspezifisch geprägt. Die Zurückweisung meines Bedürfnisses nach Liebe und Anerkennung in der Familie machte aus mir einen Arbeitsautomaten.
Die erlebten Erniedrigungen und Ungerechtigkeiten in meiner lieblosen Kindheit, die Blockade meines Talents durch meine Eltern haben mich angestachelt, meine Intelligenz auszubauen. Sie führten zu meiner grenzenlosen Selbstdisziplin auf dem Weg zum sozialen Aufstieg. Die Vielzahl negativer Erlebnisse hat mich nicht entmutigt, sondern gestärkt. Ich habe mir vorgenommen, mich wie weiland Münchhausen am eigenen Schopf aus dem Sumpf zu ziehen. Ich wollte später allen zeigen, was in mir steckt. In mir steckte mit 14 Jahren ein unbändiger sozialer Aufstiegswille, begleitet von einer unglaublichen Opferbereitschaft. Ich wollte mich aus der Armut, den beengten Wohnverhältnissen durch Leistung emporarbeiten. Mein Lerneifer und mein Ehrgeiz nahmen Rachecharakter für die Verhinderung meines Wechsels in die Oberschule bzw. die Verhinderung meines Wechsels in die Höhere Handelsschule (im 14. Lebensjahr) an.
Ich habe die unerfreulichen Erlebnisse in meiner Kindheit und Jugend verdrängt und in meiner Seele eingebunkert. Die inakzeptablen Erlebnisse wurden also ins Unbewusste verbannt. Ich wünschte, ich hätte damals mit jemanden über diese Geschehnisse sprechen können, doch ich musste mich damit allein auseinandersetzen. Ich gewöhnte mich daran, diese dunkle, verborgene Seite unserer Familie als Bestandteil meines Lebens zu akzeptieren und erzählte niemandem

davon. Den Nachbarn war die Misere bekannt, mein Lehrer Böcking und Pfarrer Merkle wussten auch Bescheid. Die Regel in unserer Familie lautete: Nichts sehen, nichts hören und nichts sagen.

Ich habe später viel über diese Situation nachgedacht. Wir alle haben Geheimnisse, und das ist auch unser gutes Recht. Geheimnisse machen unser Leben interessanter, und wenn wir sie mit jemanden teilen, gewinnt die Beziehung zu diesem Menschen an Tiefe. Allerdings muss man diese Menschen sehr genau aussuchen, um sich nicht Nachteile im Umgang mit ihnen einzuhandeln. Der Winkel unserer Seele, in dem wir ein Geheimnis aufbewahren, kann auch ein Rückzugsraum für uns sein, in dem wir unsere Identität festigen und bestätigen können und in dem wir Sicherheit und inneren Frieden finden. Doch er kann sich auch in einen Abgrund verwandeln, wenn die Geheimnisse zu einer schweren Bürde werden. Und das geschieht insbesondere, wenn ein Gefühl der Scham von der Umwelt in ein Gefühl der Minderwertigkeit verwandelt wird, auch wenn der Geheimnisträger nicht der Urheber der Misere ist. Unsere Geheimnisse können unser Leben so sehr bestimmen, dass wir uns daraus nicht lösen können. Auf der anderen Seite stelle ich mir ein Leben ohne diese Geheimnisse leichter vor.

Als ich aus der Wohnung meiner Eltern im 14. Lebensjahr ausgezogen war, versuchte ich, die in meiner Familie erlebten Alkohol-Eskapaden vor meiner Umwelt zu verbergen. Ich verdrängte alles in meine Seele. Meine Bewältigungsstrategie bestand in der Verdrängung. Aber die Verdrängung löst keine Probleme. Stattdessen muss ein Mensch mit Problemen, die er in seiner Seele eingebunkert hat, einen ständigen Kampf gegen das Aufsteigen dieser verdrängten Probleme an das Tageslicht führen. Diese Verbannung wirkt eben nicht ein ganzes Leben lang. Ich brauchte lange, um diese Zusammenhänge zu verstehen. Noch schwerer fiel es mir zu lernen, welche Geheimnisse ich für mich behalten, welche ich mit anderen teilen und welche Dinge ich von vornherein nicht zu einem Geheimnis machen sollte. Ich bin mir nicht sicher, ob mir dies mittlerweile gelingt – es sieht so aus, als wäre das eine Lebensaufgabe für mich.

Ich wurde in der Kindheit und Jugend um mein Recht auf Bildung betrogen. Die Demütigung, arm gewesen zu sein, um Bildung kämpfen zu müssen, schmerzt mich heute noch. Aber der Schuldige war in erster Linie meine Mutter bzw. meine Eltern und nicht das gesellschaftliche System. Es ist heute für mich unvorstellbar, meinen Eltern dieses Fehlverhalten zu verzeihen. »Wer zuhause nur Abneigung und Gleichgültigkeit zu spüren bekam, muss für den Rest seines Lebens mit Urschmerz, Neurosen und Komplexen kämpfen.« Der Spiegel Nr. 36/2000 S. 125. Didier Eribon: Rückkehr nach Reims (2018, S. 113) bezeichnet das Schulsystem als »Höllenmaschine, die, wenn auch vielleicht nicht ausdrücklich mit diesem Ziel programmiert, faktisch dafür sorgt, dass Kinder aus armen Schichten abgewertet werden, dass ungleiche Berufschancen und beschränkte soziale Zugangsmöglichkeiten fortbestehen, dass eine bestimmte Form der Klassenherrschaft intakt bleibt und weiterhin als legitim gilt. Ein Krieg ist im Gange gegen die Beherrschten, und die Schule ist einer ihrer Schauplätze.«

Im Bildungssystem in Deutschland hat sich seit den sechziger Jahren wenig getan. Seit PISA ist bekannt, dass in keinem vergleichbaren Industrieland der Zusammenhang zwischen Bildungschancen und sozialer Herkunft so eng ist wie in Deutschland. Die gut situierte Bürgerschicht (quer durch alle Parteien) bekämpft im Schul- und Berufsleben soziale Aufsteiger. Früher hat man geglaubt, dass man in Deutschland durch Bildung aufsteigen kann. Inzwischen wissen wir: Dies ist eine Illusion, denn entscheidend für den gesamten Lebensweg ist und bleibt die soziale Schicht.
Nach wie vor gönnt die gut situierte Bürgerschicht den Arbeiterkindern keinen Bildungsbissen. Leider arbeiten Eltern, Lehrer und Manager zusammen, um Arbeiterkinder draußen zu halten. Die gut situierte Bürgerschicht ist eher bereit, die Transferzahlungen zu erhöhen, als das Bildungsprivileg zu teilen. Nicht alle sozialen Aufsteiger haben Mütter wie Gerhard Schröder und Peter Hartz, die sie bei ihren Aktivitäten zur Nachholung des Abiturs unterstützten. Schröder wirft der »gut situierten Bürgerschicht« vor, dass sie ihm den Zugang zur Oberschule versperrt habe: »Aus seinen Kindheitstagen ist bei Schröder ein Element der Unversöhnlichkeit gegen die anderen zurückgeblieben, gegen jene gut situierte bürgerliche Gesellschaft, die es ihm verwehrte, auf die Oberschule zu gehen. Diesen ‚anderen' wollte er es immer zeigen. Dass er, der Außenseiter, es geschafft hat, scheint Schröder zu argwöhnen, haben sie ihm nie verziehen. Er hat das Gefühl, dass ihn die ‚anderen' richtig hassen.« Schröder: »Man steht immer unter Beobachtung der anderen.« (Bela Anda und Rolf Kleine: Gerhard

Schröder. Biografie. Berlin 1996, S. 186.) Laut Schröder scheuen die Abkömmlinge aus gut situierten Bürgerhäusern keine Mühe, um einem sozialen Aufsteiger alles wieder wegzunehmen.

Die mangelnde Förderung der Unterschichtkinder ist auch heute noch unverändert. (Vgl. »Der Spiegel« Nr. 11 vom 12.03.16:) »Die geteilte Nation. Deutschland 2016. Sozialpolitik: Die Deutschen sind stolz auf ihren Wohlfahrtsstaat, doch die Kluft zwischen Arm und Reich wird größer. Wenigen gelingt der Aufstieg aus der Unterschicht. Eine Studie zeigt: Die Spaltung gefährdet Wachstum und Wohlstand. Noch immer haben Jugendliche aus der Oberschicht ungefähr dreimal so hohe Chancen, ein Gymnasium anstelle einer Realschule zu besuchen, wie Jugendliche aus Arbeiterfamilien und zwar auch dann, wenn man nur Schülerinnen und Schüler mit gleicher Begabung und gleichen Fachleistungen vergleicht.«

Kapitel 2

Lehrzeit und anschließende Tätigkeit, Grundwehrdienst

Lehrzeit

Nach der Volksschule wollte ich die zweijährige Höhere Handelsschule in Stuttgart besuchen. Ich gehörte zu den Besten der Klasse und wollte mich weiterbilden. Dies passte aber meiner Mutter ganz und gar nicht in ihr Konzept, Begabung hin oder her. Deshalb musste ich mich beim Arbeitsamt Stuttgart beruflich beraten lassen. Das Arbeitsamt führte eine Eignungsuntersuchung durch. In dem Bericht steht: »Braun, Hubert: Klein, zierlich, beweglich und behände. Sehr gewandt, selbstsicher und schlagfertig. Gute Begabung.« Obwohl mein Lehrer Peter Böcking wusste, dass ich anschließend die Höhere Handelsschule besuchen wollte, hat er meiner Mutter einige Monate vor Ende des Schuljahres eine Stellenausschreibung der Stadt Stuttgart für Verwaltungsangestelltenlehrlinge, die in einer Tageszeitung veröffentlicht wurde, übergeben. Dies passte in die Vorstellungen meiner Mutter und ich musste mich auf ihr Drängen bewerben. Peter Böcking hat meine Bemühungen, mich weiter zu bilden, mit allen Mitteln hintertrieben. Er garnierte seine Aktivitäten zur Verhinderung meines weiteren Schulbesuchs mit dem Spruch: »Ein guter Volksschüler ist besser als ein schlechter Oberschüler.« Böcking war wohl der Meinung, dass Arbeiterkinder nicht auf das Gymnasium gehören. Im persönlichen Bereich praktizierte er allerdings ein anderes Vorgehen: Sein Sohn besuchte die Realschule, seine Tochter das Gymnasium. Aber für meine Mutter stellte ein Lehrer eine Autorität dar, deren Aussagen unzweifelhaft richtig waren. Außerdem nahm sie den

Spruch gerne zur Kenntnis, da sie mir meine intellektuelle Begabung und meine Tüchtigkeit nicht gönnte. Das Personalamt hat mich als Bewerber vorgeladen und mich zu meiner Motivation für die Verwaltungstätigkeit bei der Stadt Stuttgart und zum familiären Umfeld befragt. Besonderes Interesse zeigte man an dem Beruf meines Schwagers (des Ehemanns meiner ältesten Schwester), der als Bücherrevisor im Raiffeisenverband tätig war.

Ich wusste damals nicht, dass das Personalamt die Familien aller Bewerber schon im Januar 1955 aufgesucht hatte, um die Familienverhältnisse auszukundschaften. In meinen Personalakten befand sich ein Vermerk der Betriebsfürsorgerin vom 19. Januar 1955 mit folgendem Inhalt: »Familienverhältnisse positiv. Vater trinkt über den Durst und geht zu anderen Frauen.« Von diesem Vermerk habe ich erst bei meiner Einsichtnahme in meine Personalakten im April 1966 Kenntnis erhalten. Ein solcher Vermerk durfte nicht in die Personalakten aufgenommen werden, da er unter das Diskriminierungs- und Willkürverbot fällt. Die Aufnahme in die Personalakten war ein Skandal und stellte einen glatten Verstoß gegen Gesetz und Recht dar.

Leider war der Bericht der Betriebsfürsorgerin prägend für meine Behandlung während der Lehrzeit und meiner gesamten Tätigkeit bei der Stadtverwaltung. Damit war schon vor meinem Dienstantritt am 2. Mai 1955 dafür gesorgt, dass ich als minderwertig behandelt wurde und niemandem gut genug war. Eigentlich handelte es sich um Rufmord mit dem Ziel, mir zu schaden. Das Aktenstück geht über Rufschädigung aber weit hinaus und ist eine Diskriminierung aufgrund der sozialen Herkunft. Der Vermerk bot die Grundlage für die Diskriminierungsstrategie, der ich bei der Stadtverwaltung bis zu meinem Ausscheiden 1966 unterworfen wurde. Von dem skandalösen Vermerk habe ich erst nach der Prüfung zum gehobenen Dienst im April 1966 Kenntnis erhalten, als ich meine Personalakten zum ersten Mal eingesehen habe. Der Grund war damals, dass ich wiederum zur Besoldungsabteilung des Personalamts versetzt werden sollte, während bei meinem Aufstiegskollegen seine Wünsche auf Einsatz in einem anderen Amt akzeptiert wurden. Mein damaliger Aufstiegskollege Harald Krämer (Vater Angestellter) hatte den Einsatz bei der Besoldungsabteilung abgelehnt und seine Ablehnung wurde respektiert. Nachdem meine Ablehnung nicht akzeptiert wurde, wurde mir klar, dass der respektlose Umgang der Personalverantwortlichen mit mir sich aus den Personalakten ergeben musste. Und in der Tat wurde ich fündig mit dem Bericht der Betriebsfürsorgerin. Ich hatte bei der Stadtverwaltung Höchstleistungen erbracht. Aber mein Fleiß und harte Arbeit reichten nicht aus, um die Hindernisse zu überwinden, denen ich mich aufgrund meiner sozialen Herkunft aus Arbeiterverhältnissen gegenübersah. Da ich erst im April 1966 Kenntnis von dem Aktenstück erhielt, konnte ich die vielfältigen Diskriminierungen, seelischen Verletzungen und Beleidigungen in den Jahren 1955 bis 1966 erst jetzt einordnen.

Aber jetzt zurück zum Lehrstart am 2. Mai 1955. Dieser Start bei der Stadt Stuttgart war viel versprechend. Das Personalamt führte eine Einführungsveranstaltung durch.

Oberbürgermeister Dr. Klett gab sich die Ehre: Der Oberbürgermeister Dr. Klett machte daraus einen PR-Gag und die Stuttgarter Zeitung brachte hierüber am nächsten Tag einen Artikel. Der Oberbürgermeister hob hervor, dass bei der Stadt Stuttgart das Leistungsprinzip angewandt werde. Ich nahm dies wörtlich und wollte durch Höchstleistungen auf mich aufmerksam machen.
Zur Ausbildung wurde ich dem Bezirksamt Stuttgart-Degerloch zugewiesen. Den Arbeitsweg konnte ich mit der Straßenbahn zurücklegen, die Fahrt dauerte etwa 45 Minuten. Das Bezirksamt Degerloch bestand aus dem Bezirksvorsteher Erich Mende mit Vorzimmer, einer Rentenversicherungsstelle, einer Kasse, einer Dienststelle Sozialamt und dem Standesamt. Zum Bezirksamt gehörten etwa zehn Angestellte und Beamte. Beamte waren der Bezirksvorsteher und sein Vertreter, ein Stadtamtmann. Bezirksvorsteher Erich Mende hatte am Zweiten Weltkrieg teilgenommen. Mende war mit einer Kriegerwitwe verheiratet und hatte einen Stiefsohn mit 12 Jahren. Er stammte aus Stuttgart-Degerloch. Sein Bruder wohnte ebenfalls in Stuttgart-Degerloch und war Buchbindermeister. Mende sorgte telefonisch beim Hauptamt dafür, dass seinem Bruder die Buchbinderarbeiten für Gesetzesblätter, die jährlich anfielen, übertragen wurden. Bei dieser korrupten Handlung war er sehr erfolgreich. Ansonsten war er ein kleinkarierter Typ und nörgelte des Öfteren an mir herum. Der Vertreter des Bezirksvorstehers war 35 Jahre alt und kam aus Schlesien. Das Lehrlingsentgelt betrug 25 DM, 35 DM und im dritten Lehrjahr 50 DM.

Seit 1955 wohnte ich nicht mehr bei meinen Eltern, sondern in der Mönchhaldenstraße 33/I in Untermiete. Ich hoffte, dass ich mit meinem Auszug aus der Elternwohnung alle Widerwärtigkeiten hinter mir lassen würde.
Ich wurde zunächst im Vorzimmer des Bezirksvorstehers Erich Mende eingesetzt. Ich war damals 14 Jahre alt, ein kleiner Pimpf, sehr freundlich, hilfsbereit und zuvorkommend gegenüber Erwachsenen. Ich erhielt den Auftrag, die Zeitschriftenstapel durchzusehen und angekreuzte Artikel auszuschneiden und aufzukleben. Diese Artikel wurden archiviert. Der Bezirksvorsteher Erich Mende hatte Schwierigkeiten, mein zur Schau gestelltes freundliches Gesicht einzuordnen. Als ich ihm ein Buch mit dem Titel »Der Verwaltungslehrling« zeigte, machte er mir klar, dass ich »Verwaltungsangestelltenlehrling« bin. Diese Abwertung hätte er sich ersparen können. Der Begriff »Verwaltungslehrling« sei für die Ausbildung des gehobenen Verwaltungsdienstes vorgesehen. Der Bezirksvorsteher setzte mich als »Kofferträger« ein. Da er zum Mittagessen nach Hause marschierte, machte er sich ohne Aktentasche auf den Weg nach Hause und beauftragte die Vorzimmerkraft, mich zehn Minuten später mit der Aktentasche auf den Weg zu seinem Haus zu schicken. Die Wegstrecke bis zu seinem Haus betrug über einen Kilometer und die Aktentasche war so schwer, dass ich sie kaum schleppen konnte. An der Haustür hat die Ehefrau des Bezirksvorstehers die Aktentasche mürrisch in Empfang genommen ohne sich zu bedanken.
Ich habe mich in der Kaufmännischen Berufsschule mit einem Lehrling (Erwin Florin) zusammengetan, der in mei-

ner Gegend wohnte und dem Bezirksamt Plieningen zugeteilt worden war. Er erzählte mir, dass er ursprünglich für das Bezirksamt Degerloch vorgesehen war. Sein Vater habe sich beim Bezirksvorsteher Erich Mende wegen der geplanten Ausbildung beim Bezirksamt Degerloch erkundigt. Der Bezirksvorsteher habe seinem Vater klargemacht, dass er einen Lehrling auch zu praktischem Arbeitseinsatz in seinem Amt heranziehe. Dies habe seinem Vater nicht gefallen. Daraufhin habe sein Vater sich bei den Bezirksvorstehern in Stuttgart-Möhringen und Stuttgart-Plieningen erkundigt und beim Ausbildungsleiter des Personalamts (Herrn Klein) den Antrag gestellt, ihn dem Bezirksamt Plieningen zuzuteilen. Das Personalamt habe dann den Tausch in die Wege geleitet. Der Vater des Mitlehrlings arbeitete nicht und lebte mit seiner Familie mit 4 Kindern von Sozialhilfe. Anzumerken ist, dass Erwin Florin nach seiner Aussage im Bezirksamt Plieningen keine Sekunde praktische Arbeit geleistet hat. Ich vertraute auf das Versprechen des Oberbürgermeisters bei der Einführung am 2. Mai 1955, dass sich Leistung auszahlt. Deshalb habe ich bei der Dienststelle Sozialamt vollen Arbeitseinsatz erbracht. Ich vermute, dass ich damals an einem Helfersyndrom gelitten habe. Daneben musste ich einmal in der Woche die Kaufmännische Berufsschule besuchen und konnte mich mit Mitlehrlingen austauschen, die ihre Lehre alle in Bezirksrathäusern in den Stuttgarter Außenbezirken ableisteten.

Meine Mutter hatte mit ihrer Forderung, immer freundlich zu schauen, einen Mechanismus ausgelöst. Ich zeigte auch im Bezirksrathaus eine gleichbleibend freundliche Maske.

Dem Bezirksvorsteher ging offenkundig mein ständig zur Schau gestelltes freundliches Gesicht auf den Wecker; er fühlte sich dadurch provoziert. Der Bezirksvorsteher interpretierte dies nicht als freundliche Geste, sondern als Forschheit und übertriebenes Selbstbewusstsein. Ich lernte schon damals, dass Verhaltensweisen der Schwachen bei den Starken ganz anders interpretiert werden. Da es in mir innerlich ganz anders aussah, war ich völlig verzweifelt darüber, dass das in meiner Familie zum Überleben notwendige Verhaltensmuster in dieser Umgebung bösartige Aggressionen und Ablehnung auslöste. Den Menschen kann man eben nie etwas recht machen. Aber ich konnte meine Erlebnisse beim Bezirksamt Degerloch mit niemandem besprechen, bunkerte sie in meiner Seele ein. Erst nach meiner Zurruhesetzung machte ich mir Gedanken über die Fehlinterpretation meines freundlichen Gesichts während meiner Lehrzeit: Hätte sich der Bezirksvorsteher mit Psychologie befasst, dann wäre ihm aufgegangen, dass es Ausdruck demütigender Erfahrungen, von Unsicherheit und Angst war, mithin eines geschwächten und geringen Selbstbewusstseins

Im Vorzimmer bekam ich die Aufgaben des Bezirksvorstehers mit. Er war Leiter des Bezirksamts und Vorsitzender des Bezirksbeirats. Nach den drei Monaten im Vorzimmer des Bezirksvorstehers kam ich zur Rentenversicherungsstelle. Dort habe ich Versicherungskarten für die Rentenversicherung der Angestellten und Arbeiter ausgestellt und umgetauscht, Rentenversicherungsanträge auf Altersruhegeld, Berufs- und Erwerbsunfähigkeitsrenten entgegengenommen und Auskünfte erteilt. Nachdem ich einen Monat dort gearbeitet hatte, bat Bezirksvorsteher Erich Mende meine Eltern zu einem Gespräch. Natürlich kam der Einladung nur meine Mutter nach, da sich ja mein Vater ohnehin um nichts kümmerte. Bezirksvorsteher Mende zeigte meiner Mutter meinen Arbeitsplatz bei der Versicherungsstelle: In der Versicherungsstelle arbeitete eine junge Verwaltungsangestellte (21 Jahre alt). Meine Mutter hat zugestimmt mit dem Satz: »Arbeit hat noch niemand geschadet. Ich habe in meiner Jugend auch hart arbeiten müssen.« Sie brachte also zum Ausdruck, dass ich die gleichen Lebensumstände haben sollte, wie sie. Dass die meisten Eltern alles dafür tun, dass es ihren Kindern besser geht und sie nicht ausgenützt werden, passte nicht in ihre Welt. Sie akzeptierte also, dass ich ab sofort bei der Dienststelle Sozialamt voll mitarbeitete und zu diesem Zweck vom vorgeschriebenen Ausbildungsplan abgewichen wurde. Der Ausbildungsleiter Klein hatte ebenfalls sein Okay gegeben unter der Voraussetzung der Zustimmung der Eltern, da ich erst 14 Jahre alt war. Meine Mutter war ohne Bildung durch das Leben gegangen. Sie las den »Spiegel« und politisierte gerne. Autoritäten hatten aus ihrer Sicht immer Recht. Sie begriff nicht, dass ihr Leben auch das Ergebnis einer schrecklichen Ungerechtigkeit war, die Privilegierte und Unterprivilegierte geschaffen hatte. Es wäre ihr nie in den Sinn gekommen, sich über Oben und Unten Gedanken zu machen. Sie hatte keine Vorstellung vom Büroleben in der Praxis. Was wusste sie schon vom Büroalltag eines kleinen Beamten/Angestellten, der Unterdrückungsfrustration, des niedergehaltenen Selbstbewusst-

seins und der langweiligen Routinetätigkeiten? Dass der Bezirksvorsteher Erich Mende mich gezielt und geplant ausnützen und ausbeuten wollte, war ihr egal.
Ich wurde dann schon am nächsten Tag an den Schreibtisch einer Fürsorgerin in der Dienststelle Sozialamt gesetzt, die sich in einer Reha-Klinik aufhielt. Ich habe in der Dienststelle Sozialamt mit regem Kundenkontakt jeden Vormittag bis ca. 13 Uhr Sozialhilfefälle bearbeitet, Neuanträge aufgenommen und Anträge auf einmalige Beihilfen. Am Nachmittag mussten die nachgelagerten Arbeiten durchgeführt werden. Obwohl ich mich in der Pubertät befand, hat der Bezirksvorsteher zwei Jahre lang meinen Diensteifer und Gemeinsinn und die Autoritätsgläubigkeit meiner Mutter ausgenutzt. Die Stadtverwaltung hätte eine Kraft einstellen müssen. Sie missbrauchte mich als »personelles Sparschwein«. Durch meine zweijährige Tätigkeit in der Dienststelle Sozialamt wurde ich ein Experte für Sozialhilfe. Ich erlebte die ganze Bandbreite auf diesem Gebiet: Rentner mit kleiner Rente, Familien, bei denen die Väter keiner Arbeit nachgingen.
In einem Fall war die Familie mit der gesetzlich vorgeschriebenen Sozialhilfeleistung nicht einverstanden. Sie setzten sich in die Straßenbahn und fuhren in die Stuttgarter Innenstadt, zum Rathaus. Dort gingen sie schnurstracks zum Oberbürgermeister Dr. Klett. Anstelle des Oberbürgermeisters hat sie der Persönliche Referent, ein Stadtdirektor, in Empfang genommen und sich ihr Anliegen angehört. Der Persönliche Referent hat daraufhin beim Sozialamt – Hauptverwaltung in Stuttgart Innenstadt – nachgefragt und die

Anweisung gegeben, den Fall großzügig zu regeln. Der Beamte der Hauptverwaltung hat mich im Bezirksamt Degerloch angerufen und ließ sich die Berechnung der Sozialhilfeleistung in dem vorliegenden Fall erklären. Die Beschwerde des Sozialhilfeempfängers wurde also behandelt wie eine mündlich vorgetragene Dienstaufsichtsbeschwerde gegen mich, den 14 Jahre alten Lehrling. Der Leiter der Dienststelle Sozialamt beim Bezirksamt Degerloch und der Bezirksvorsteher Erich Mende haben es verstanden, im Hintergrund zu bleiben. Warum hatte der Beamte der Hauptverwaltung den Fall nicht mit ihnen besprochen?
Nachdem ich über den Sachverhalt Bericht erstattet hatte, hat mich der Beamte angewiesen, einen Mehrbedarf von 100 DM anzusetzen. Der Beschwerdeführer hat also Sozialhilfeleistungen weit über dem Richtsatz erhalten. Diese Story machte die Runde bei den Sozialhilfeempfängern. Am nächsten Tag kam ein anderer Sozialhilfeempfänger und verlangte die zusätzliche Zahlung. Er begründete dies damit, dass am Vortag Herrn X eine zusätzliche Leistung ausgezahlt worden sei, er daraufhin in der Gaststätte Y in Stuttgart-Degerloch Runden geschmissen und geprahlt habe: »Wie kann der Staat an mich so viel Geld auszahlen, ohne eine Gegenleistung zu verlangen.« Mach meiner Ablehnung ging er zum Stadtamtmann und dieser wies mich nach Rücksprache mit der Hauptverwaltung des Sozialamts an, auch diesem Sozialhilfeempfänger den Mehrbedarf von 100 DM zu gewähren. Von dieser großzügigen Gewährung von Sozialhilfe haben dann alle Sozialhilfeempfänger profitiert. Ich hatte den Eindruck, dass sich der Oberbürgermeis-

ter Dr. Klett für die nächste Wahl die Stimmen der Sozialhilfeempfänger kaufen wollte. Ein Sozialhilfeempfänger hatte das bereits für den Monat ausbezahlte Geld laut seiner Aussage am dritten des Monats versoffen. Er beantragte die nochmalige Auszahlung für den Rest des Monats, die ihm der Leiter der Dienststelle Sozialamt verweigerte. Aufgrund seiner Beschwerde beim Oberbürgermeister bzw. bei seinem Persönlichen Referenten bekam er das Geld wie beantragt nochmals ausbezahlt.
Beim Sozialamt konnten die Kriegerwitwen und -waisen, für die eigentlich die Versorgungsämter zuständig waren, Zusatzleistungen erhalten. Nach dem Bundesversorgungsgesetz erhielten die Kriegswaisen Zusatzleistungen im Rahmen der schulischen Ausbildung, wenn sie Schulzeugnisse mit guten Noten vorlegten. In der Praxis wurden diese Anforderungen nicht gestellt. Ich kann mich nur an Schulzeugnisse mit lauter Dreien, Vieren und Fünfen erinnern. Das Sozialamt übernahm trotzdem die Anschaffungskosten für Musikinstrumente (Geige, Violoncello). Der Staat war ihnen gegenüber recht großzügig. Nach meiner Beobachtung waren viele der Kriegerwaisen weit weniger intelligent und tüchtig als ich und trotzdem besuchten sie das Gymnasium. Ich haderte mit dem Schicksal.
Nach einem Jahr sollte meinen Arbeitsplatz in der Dienststelle Sozialamt der nachfolgende Lehrling, Albert Weiß, übernehmen. Er gehörte zum Einstellungsjahrgang 1956. Aber Albert Weiß verweigerte die praktische Mitarbeit. Die Fürsorgerin (heute Sozialarbeiterin) und die Verwaltungsangestellte waren hierüber nicht erfreut, sie stichelten und frot-

zelten über den neuen Lehrling. Sein Vater hat den Bezirksvorsteher aufgesucht und deutlich zum Ausdruck gebracht, dass sich sein Sohn in Ausbildung befindet und daher seine praktische Mitarbeit in der Dienststelle Sozialamt nicht vorgesehen sei. Der Bezirksvorsteher akzeptierte dies. Der neue Lehrling konnte also seine Arbeitsverweigerung beim Bezirksvorsteher mit Hilfe seiner Eltern durchsetzen. Die Vorgesetzten haben ihn trotzdem respektiert. Während einer Erledigung im Vorzimmer des Bezirksvorstehers Erich Mende hielten sich der Bezirksvorsteher und der Dienststellenleiter des Sozialamts im Vorzimmer auf. Ich hörte den Bezirksvorsteher zum Dienststellenleiter sagen: »Albert Weiß ist tüchtig.« Nachdem Albert Weiß in der Dienststelle Sozialamt nicht mitarbeiten wollte und ich dort länger eingesetzt wurde, konnte ich diese Einschätzung in meine Wertordnung nicht einordnen. Deshalb war ich von dieser Beurteilung mehr als überrascht, ich war verblüfft. Heute bin ich der Meinung, dass das hohe Ansehen des Albert Weiß mit seiner Stellung als Klassensprecher an der Kaufmännischen Berufsschule in Stuttgart zusammenhing.
Ich erkannte, dass Albert Weiß mit seinem verweigerten Arbeitseinsatz beim Bezirksvorsteher und beim Stadtamtmann (Leiter der Dienststelle Sozialamt) sogar an Wertschätzung gewonnen hatte. Zugleich wurde ich daran erinnert, dass meine Mutter zur Änderung des Ausbildungsplans ihr Einverständnis erklärt hatte. Deshalb hatte ich nicht gewagt, wie der neue Lehrling auf meine Ausbildungssituation hinzuweisen. Aufgrund der Weigerung des Albert Weiß verblieb ich ein weiteres Jahr in der Dienststelle Sozialamt.

Meine Ausbildungsbedürfnisse mussten hinter dem Personalengpass beim Bezirksamt zurückstehen. Der Bezirksvorsteher und der Ausbildungsleiter des Personalamts scherten sich in keiner Weise um den Ausbildungsplan und trampelten auf mir herum. Warum hatte der Ausbildungsleiter, Stadtoberamtmann Klein, beim Personalamt der Abweichung vom Ausbildungsplan zugestimmt? Es gehörte doch zu seinen Aufgaben, allen Lehrlingen die gleichen Bedingungen zu bieten. Heute sehe ich meinen vollen Arbeitseinsatz bei der Dienststelle Sozialamt kritisch, da er meine Entwicklung hemmte. Mir fehlten für den sozialen Reifungsprozess in der Pubertät Zeiten der Inaktivität und der Ruhe. Dies hat leider dazu geführt, dass ich die Pubertät später nacharbeiten musste.
In den Sommerferien (4 Wochen) fuhr ich mit dem Fahrrad mit einem Mitlehrling (Oliver Strack) an den Bodensee. Ich hatte mich in der Kaufmännischen Berufsschule für Jungen auch mit ihm angefreundet. Wir übernachteten in Jugendherbergen und ich erholte mich von dem Arbeitsstress im Bezirksamt Degerloch.
Nach dem 14. Lebensjahr besuchte ich am Montagabend die Jungschar im Gemeindesaal der Ev. Erlöser-Kirchengemeinde in Stuttgart-Nord, eine Organisation des CVJM (Christlicher Verein junger Männer). Die Ev. Kirchengemeinde hatte damals einen hauptamtlichen Jugendwart angestellt, der sich nur um die Jugend kümmerte. Die Jungscharabende dauerten jeweils 2 Stunden. Es wurden Spiele veranstaltet, Bücher vorgelesen, dazu wurde gesungen und gebetet, zu Beginn des Abends und am Schluss. Die anderen

Jungschärler besuchten durchweg die Oberschule. Zu dem Kreis der Jungschärler gehörten auch die beiden Söhne der Familie, bei denen meine Mutter eine Putzstelle hatte. Ich fühlte mich in diesem Kreis trotzdem wohl und wurde von den Oberschülern voll akzeptiert. Besonders gerne erinnere ich mich an die Freizeiten auf der Schwäbischen Alb in einem Zeltlager oder in einer Jugendherberge. Wir verbrachten wunderschöne Tage mit Sport, Spiel, Gesang und Lagerfeuer. Damals ging ich jeden Sonntag zur Kirche. Die Beschäftigung mit der Bibel, mit Fragen und Inhalten des Glaubens regten mich an und schufen mein Helfersyndrom. Die schönen Jungscharzeiten endeten, als ich 17 Jahre alt war. Jetzt fehlte den anderen Jungschärlern, die durchweg das Gymnasium besuchten, die Zeit zum montagabendlichen Jungscharbesuch. Nach dem 18. Lebensjahr wurden meine Kirchgänge seltener und fielen dann ganz weg.
Schon ab dem ersten Lehrjahr besuchte ich in der Staatsoper Stuttgart Opernaufführungen von Richard Wagner, Guiseppe Verdi und Pietro Mascagni. Das Gebäude hatte den Krieg ohne größere Schäden überstanden und zog mich im Innern in seinen Bann. Die Oper hatte ihren Betrieb bereits 1946 wieder aufgenommen und seitdem den Tenor Wolfgang Windgassen unter Vertrag. Dieser Sänger eröffnete sogar die Bayreuther Festspiele im Jahre 1951 als Parzival in der gleichnamigen Oper von Richard Wagner (Inszenierung: Wieland Wagner). Ich habe Lohengrin und den Fliegenden Holländer gesehen, wobei Wolfgang Windgassen die Hauptrolle gesungen hat. Danach folgte Siegfried aus dem Ring der Nibelungen. Ursprünglich hatte ich die

Absicht, den ganzen Ring zu absolvieren. Allerdings war Siegfried sehr langatmig und ermüdend, denn die Oper begann in einem heißen August-Sonntag um 16 Uhr und endete um 23 Uhr, unterbrochen von zwei Pausen von jeweils einer Stunde. Ich habe durchgehalten bis zum Schluss. Allerdings änderte ich damals meinen ursprünglichen Entschluss: Die weiteren Teile der Trilogie wollte ich nicht mehr ansehen. Vielleicht wäre dieser dritte Teil für mich interessanter gewesen, wenn ich an den Opernaufführungen der vorgeschalteten Werke Rheingold und Walküre schon teilgenommen hätte.

Ich war in meiner Lehrzeit extrem angepasst und fleißig und wollte durch Mitarbeit bei den Vorgesetzten gut angesehen sein. Im Grunde genommen wollte ich mich bei der Stadtverwaltung hochdienen. Heute weiß ich, dass wer sich ausbeuten lässt, bei den Vorgesetzten Achtung und Respekt verliert. Diese Eigenschaften sind nicht nur bei Gleichaltrigen wichtig, sondern auch bei Vorgesetzten. Achtung und Respekt wurden damals in der Schule – im Gegensatz zu heute – nicht gefördert. Die genannten Eigenschaften sind aber die Voraussetzung für die Entwicklung der sozialen Kompetenz. Fehlt die soziale Kompetenz, kann auf die Verhältnisse nicht in adäquater Weise Einfluss genommen werden.

Während meiner Zugehörigkeit zum Bezirksamt Stuttgart-Degerloch hat mich eine sehr tüchtige 21 Jahre alte Verwaltungsangestellte in ihr Elternhaus in Stuttgart-Untertürkheim eingeladen. Die Angestellte hatte mitbekommen, dass meine Mutter ihren üblichen Spruch (»Arbeit hat noch niemand geschadet. Ich habe in meiner Jugend auch hart arbeiten müssen.«) beim Bezirksvorsteher äußerte. Ihr Vater arbeitete als Stadtoberinspektor beim städtischen Sozialamt. Ich habe ihre Einladung abgelehnt und bin nicht darauf eingegangen. Ich vergrub mich in meine Arbeit. Aufgrund meiner Erfahrungen mit meiner Mutter, bei der ich nur Akzeptanz fand, wenn ich ihr im Haushalt half, lehnte ich die Einladung ab. Ich befürchtete, dass die Kollegin und ihre Eltern mich für die Arbeit in ihrem Garten engagieren wollten. Aufgrund des Aufwachsens in einer Familienatmosphäre der Lieblosigkeit hatte ich zu Dritten keinerlei Vertrauen. Ich sah in ihr die hartherzige, kaltherzige, karge, feindselig-ablehnende und lieblose Mutter, die mir keinerlei Wertschätzung entgegenbrachte. Diese Erlebnisse in meiner desolaten Familie hatten sich in meiner Seele tief eingegraben.

Heute bedaure ich meine ablehnende Haltung, da ich dort Zugang zu einer Normalfamilie erhalten hätte. Meine ablehnende Haltung zu den Einladungen in das Elternhaus der Verwaltungsangestellten kann ich daher nicht nachvollziehen. Ich vermute, dass die Kollegin und ihre Eltern mir helfen wollten, da sie den Spruch meiner Mutter zu Recht so interpretierten, dass meine Eltern nicht mein Bestes wollten.

In meiner Lehre musste ich zu jedem Monatsende einen Tätigkeitsbericht erstellen, der beim Bezirksvorsteher einzureichen war. Dieser versandte den »Tätigkeitsbericht« an den Ausbildungsleiter Klein beim Personalamt, der ihn nach Kenntnisnahme zurückschickte.

Das letzte halbe Jahr der Ausbildung erfolgte im Steueramt und im Polizeipräsidium. Im Steueramt erhielten wir Ein-

blick in die Grundsteuerabteilung, die Gewerbesteuerabteilung und die Hundesteuerabteilung. Die Gewerbesteuer brachte in Stuttgart steigende Einnahmen, weshalb diese Abteilung den größten Einfluss hatte. Die Hundesteuer ist sehr kostenintensiv im Vergleich zum Aufkommen. Ihre Erhebung hat aber gesundheitspolizeiliche Gründe, weshalb ihre Abschaffung kein Thema ist.
Im Polizeipräsidium wurden wir mit der Abteilung Staatsangehörigkeit/Einbürgerung und dem Einwohnermeldeamt vertraut gemacht.
Bezirksvorsteher Erich Mende musste zum Ende der Lehrzeit am 30. April 1958 eine Beurteilung abgeben. Er schrieb in seiner Beurteilung vom 26. März 1958: »Braun ist leicht lenkbar. Er verfügt über einen sehr beweglichen Geist, der ihm eine gute Auffassungsgabe verleiht. Braun ist sehr wissbegierig und zeigt einen gesunden Ehrgeiz. Bei der Verfolgung seines beruflichen Werdegangs kann ich jede mögliche Förderung befürworten.«
Das Personalamt hat am 25. April 1958 ein Lehrzeugnis ausgestellt mit folgendem Absatz 3:
»Herr Braun ist für den Beruf eines Verwaltungsangestellten sehr gut befähigt. Er besitzt eine ausgezeichnete Auffassungsgabe, die es ihm ermöglichte, sich im Laufe der Lehrzeit ein beachtliches, grundlegendes Wissen anzueignen. Er erzielte auf allen Gebieten seiner Ausbildung überdurchschnittliche Leistungen, wobei lobend zu erwähnen ist, dass er stets um eine gründliche Erledigung bemüht war. Er zeigte großes Dienstinteresse und gesunden Ehrgeiz. Er war fleißig, pünktlich und zuverlässig. Seine Führung war nicht

zu beanstanden. Das Verhalten gegenüber Vorgesetzten und Mitarbeitern war korrekt. Im Verkehr mit dem Publikum erwies er sich als gewandt und selbstsicher. In außerdienstlicher Hinsicht ist Nachteiliges nicht bekannt geworden.«
In der Lehrabschlussprüfung in der Kaufmännischen Berufsschule Stuttgart erzielte ich das beste Prüfungsergebnis mit der Note 1,4. Mein Sitznachbar Ingo Remmert kam auf 2,0, obwohl er vor jeder Klausur zwei Wochen zur Vorbereitung krankfeierte.
Das Personalamt führte im Besprechungsraum eine kleine Feier mit Aushändigung der Zeugnisse durch. Da ich als Bester abgeschnitten hatte, wies mir Direktor Gukelberger, der Leiter des Personalamts, den Platz rechts neben sich zu. Neben mir saß Stadtamtmann Gabriel vom Hauptamt, der in der Kaufmännischen Berufsschule das Fach Gemeinderecht unterrichtet hatte. Links von Gukelberger saß der Ausbildungsleiter, Stadtoberamtmann Klein. Direktor Gukelberger bemerkte zu Stadtamtmann Gabriel gewandt: »Braun ist gut.« Darauf erwiderte der Ausbildungsleiter unvermittelt mit feindseligem und boshaftem Blick zu mir: »Er ist noch unverbraucht.«
Diese Bemerkung gefiel mir ganz und gar nicht. Noch heute ist mir unklar, was Klein damit ausdrücken wollte. Aber entscheidend war nicht der Text, sondern der giftige und gehässige Tonfall. Direktor Gukelberger teilte mir dann mit, dass er mich aufgrund meiner guten Leistungen fördern wolle. Damals wusste ich noch nicht, dass die Führungseliten in der öffentlichen Verwaltung ihre Mitarbeiter mit dem Versprechen der Beförderung gezielt manipulieren. Sie spornen

Aufstiegswillige zu Höchstleistungen an. Wenn diese dann die Ernte einfahren wollen, erleben sie eine Enttäuschung und die Führungseliten halten nicht ihr Wort. Generell gehört dies zur Verlogenheit dieses Staats- und Wirtschaftssystems. Ich konnte doch nicht wissen, dass er an mir diese Verlogenheit des Staats- und Wirtschaftssystems praktizieren wollte; mir also gezielt schaden wollte. Deshalb habe ich seinem Versprechen, naiv wie ich war, geglaubt.
Mir kamen damals Zweifel an meinem Leistungsmodell. Leider habe ich damals meine Berufserfahrungen nicht reflektiert, sondern in meiner Seele versenkt. Ich hatte in meiner desolaten Familie schlichtweg die falschen Einstellungen und Verhaltensweisen gelernt. Schon damals hätte ich darüber nachdenken müssen, warum manche Berufstätige ohne Leistung eine hohe Wertschätzung ihrer Vorgesetzten genießen. Eigentlich hätte ich schon damals meine Leistungsorientierung auf den Prüfstand stellen müssen.

Vorbereitungsdienst für den mittleren Verwaltungsdienst

Nach der Lehre übernahm mich die Stadtverwaltung ab 1. Mai 1958 in das Beamtenverhältnis auf Widerruf und in den Vorbereitungsdienst für die Laufbahn des mittleren Verwaltungsdienstes. Bezirksvorsteher Erich Mende hatte dem Personalamt eine Beurteilung übersandt, die zum Schluss folgenden Satz enthält: »Bei der Verfolgung seines beruflichen Werdegangs kann ich jede mögliche Förderung befürworten.« Der Bezirksvorsteher honorierte damit meinen zweijährigen praktischen Arbeitseinsatz in der Dienststelle Sozialamt seines Bezirksamts, obwohl im Ausbildungsplan nur 6 Monate vorgesehen waren. Auch bei dem Förderungsversprechen des Direktors Gukelberger während der Lehrabschlussfeier spielte eine Rolle, dass ich als Jugendlicher mit 14 Jahren so verantwortungsbewusst und ernsthaft in der Dienststelle Sozialamt Sozialhilfefälle bearbeitet hatte. Der Vorbereitungsdienst dauerte vom 1. Mai 1958 bis 30. April 1959. Im Vorbereitungsdienst wird nur Unterhaltszuschuss bezahlt, da es sich um eine Ausbildung handelt. Alle Lehrlinge wurden zum 1. Mai 1958 zu einem neuen städtischen Amt versetzt. Ich machte eine Ausnahme, da mich der Bezirksvorsteher des Bezirksamts Degerloch zur Einarbeitung einer neuen Angestellten benötigte. Die junge Verwaltungsangestellte war aber an der Einarbeitung nur mäßig interessiert und prahlte mit der Stellung ihres Vaters, der es im Zweiten Weltkrieg als Berufsoffizier bis zum Oberst gebracht hatte. Ich blieb daher bis zum 3. August 1958 beim Bezirksamt Degerloch, Rentenversicherungsstelle. Das Personalamt hatte für meinen verlängerten Einsatz beim Bezirksamt Stuttgart-Degerloch nicht mein Einverständnis eingeholt. Auch der Bezirksvorsteher Erich Mende hatte mich nicht gefragt. Bei meinem längeren Verbleib beim Bezirksamt handelte sich daher um eine Rücksichtslosigkeit. In den Monaten Mai bis Juli 1958 machte ich die Beobachtung, dass der 1956 eingestellte Lehrling Albert Weiß beim Bezirksvorsteher Erich Mende hoch angesehen war. Albert Weiß hatte seine praktische Mitarbeit in der Dienst-

stelle Sozialamt verweigert und dadurch beim Bezirksvorsteher Respekt und Achtung erworben. Er hatte die richtige Wertvorstellung vom Berufsleben, in dem nicht Sympathie, sondern Respekt und Achtung zählen. Ich hatte mich im praktischen Arbeitseinsatz in der Dienststelle Sozialamt ausbeuten lassen und hatte daher beim Bezirksvorsteher und beim Dienststellenleiter Sozialamt geringeres Ansehen wie Albert Weiß.
Bei meinem verspäteten Dienstantritt beim Personalamt am 4. August 1958 stellte ich mich dem Amtsleiter Direktor Gukelberger vor. Ich beanstandete, dass ich noch über die Lehrzeit hinaus beim Bezirksamt Stuttgart-Degerloch eingesetzt worden bin. Direktor Gukelberger erwiderte, dass ich stolz darauf sein kann, dass der Bezirksvorsteher auf mich nicht verzichten wollte. Ich erwiderte, dass die Personalverwaltung dies ohne mein Einverständnis verfügt habe. Gukelberger wiederholte sein Versprechen, mich wegen meiner guten Leistungen zu fördern. Er wies mich an, mich beim Abteilungsleiter der Besoldungsabteilung, Verwaltungsrat Kurz, zu melden. Ich kam dieser Aufforderung nach und Herr Kurz begrüßte mich kurz und brachte mich ohne weitere Einführung zu einem Sachgebietsleiter der Besoldungsabteilung, dem Angestellten Dahms. Auch dieser war äußerst wortkarg und stellte mich sofort seinen Mitarbeiterinnen vor. Zu seinem Sachgebiet gehörten sechs Arbeitsplätze für Gehaltsrechnerinnen. Frau Bernkastel teilte mir mit, dass ihr Onkel als Verwaltungsrat beim Hochbauamt arbeite, Frau Kues prahlte damit, dass ihr Vater Stadtoberbauamtmann beim Tiefbauamt sei. Nach der kurzen Vorstel-

lungsrunde wies mir der Sachgebietsleiter den freien Schreibtisch zu und forderte mich auf, mit der Arbeit zu beginnen. Der Schreibtisch war mit Arbeit überhäuft, die offenkundig schon längere Zeit auf Erledigung wartete. Aufgrund des Ausbildungsverhältnisses und des Förderungsversprechens des Amtsleiters war ich überrascht und sprachlos, als ich den Arbeitsberg auf meinem künftigen Schreibtisch sah. Der Sachgebietsleiter begründete und rechtfertigte dies damit, dass die Vorgängerin sich seit vier Monaten im Mutterschutz befände. Ich erwiderte, dass ich mich im Vorbereitungsdienst befände, nur Unterhaltszuschuss und keinen Gehalt bezöge und es sich hierbei um eine Ausbildungszeit handele. Hierauf ging aber der Sachgebietsleiter nicht ein und erwiderte, dass mir eine Sachbearbeiterin zur Hand gehen werde (Frau Hinkel). Ich erwartete, dass mir ein Pate genannt werden würde. Aber diese Hoffnung war vergeblich. Ich fühlte mich unter Druck gesetzt, setzte mich an den Schreibtisch und die Sachbearbeiterin ging mit mir die auf dem Schreibtisch liegenden Vorgänge durch, um sie nach ihrer Dringlichkeit zu sortieren. Ich war geplättet von diesem überquellenden Schreibtisch und den unerledigten Vorgängen, da ich schon am ersten Arbeitstag mitbekam, dass die im Dienstzimmer sitzenden Sachbearbeiterinnen offenkundig wenig zu tun hatten und sich viel unterhielten.

Um 12 Uhr suchte ich in der Besoldungsabteilung meinen früheren Lehrlingskollegen Ingo Remmert auf, der schon vor drei Monaten beim Personalamt – Besoldungsabteilung – angefangen hatte. Remmert saß an einem faktisch leeren

Schreibtisch im Dienstzimmer seines Sachgebietsleiters. Die beiden Schreibtische waren einander gegenüber gestellt. Auf seinem Schreibtisch lag nur ein Vorgang. Ich war erstaunt darüber, dass Remmert im Dienstzimmer des Sachgebietsleiters saß und im Grunde genommen vor einem leeren Schreibtisch.

Wir gingen gemeinsam zum Mittagessen in die Rathauskantine. Auf dem Weg dorthin erzählte er mir, dass er durch seinen Sachgebietsleiter, Herrn Mappus, persönlich eingearbeitet werde, dass sechs Monate hierfür angesetzt seien und der Sachgebietsleiter mit ihm Vorgänge durchspreche. Er erhalte nach Ablauf der sechs Monate sukzessive Ämter übertragen und werde dann in den Arbeitsprozess des Sachgebiets integriert. Ich stellte ihm die Frage, warum nicht er meinem Gehaltssachgebiet bei seinem Dienstantritt vor drei Monaten zugeteilt worden wäre. Dies wäre doch eigentlich konsequent gewesen, nachdem mein Arbeitsplatz schon seit vier Monaten verwaist war. Aber Ingo Remmert beantwortete meine Frage nicht. Er erzählte mir beiläufig, dass er in seinem Sachgebiet mit einer Kollegin schon mehrere Kunstausstellungen besucht habe.

Ingo Remmert war in der Kaufmännischen Berufsschule in Stuttgart mein Nebensitzer gewesen. Sein Vater war von Beruf Werkzeugmacher. An den Unterrichtstagen in der Kaufmännischen Berufsschule erzählte er mir, dass er die Angewohnheit habe, vor Klassenarbeiten zwei Wochen krank zu feiern, um sich vorbereiten zu können. Ein solches Krankfeiern hätte meine Mutter nie geduldet, da es ihrem Pflichtbewusstsein widersprach. Remmert zeigte mir in der großen Pause in der Schule seinen jüngeren Bruder, der gerade mit einer Gruppe Ball spielte. Er beklagte sich darüber, dass seine Eltern seinem jüngeren Bruder den Besuch der Höheren Handelsschule ermöglichten, er aber eine Lehre antreten musste. Er konnte seine Neidgefühle und seine Missgunst auf seinen Bruder mir gegenüber nicht verbergen. Dass mir der Personalamtsleiter bei der Lehrabschlussfeier das Versprechen zur Förderung gegeben hatte, hatte Remmert damals mitbekommen, da er neben mir saß. Als ich abends aus dem Büro ging, überlegte ich, warum die beiden Kolleginnen Bernkastel und Kues mit ihrer Verwandtschaft in städtischen Diensten geprahlt hatten. Wollten sie damit betonen, dass sie sich mit ihrer Verwandtschaft mir überlegen fühlten? Außerdem grübelte ich darüber, ob ich diese ungerechte Ausbeutungssituation akzeptieren oder den Bettel hinwerfen sollte. Ich konnte die Situation mit niemandem besprechen und musste alles mit mir allein ausmachen. Als Beamter auf Widerruf war meine Rechtsstellung sehr dünn. Die Ausbeutungssituation und die unfaire Behandlung in der Besoldungsabteilung sowie meine Zurücksetzung gegenüber meinem Lehrlingskollegen Ingo Remmert habe ich entsprechend meiner Bewältigungsstrategie verdrängt. Ich war damals verzweifelt, wütend und traurig, musste diese Gefühle aber in meiner Seele vergraben. Ich wollte die mittlere Dienstprüfung ablegen. Ich hielt immer noch an dem Berufsziel der Verwaltungslaufbahn in der Kommunalverwaltung fest. Ich machte mir Gedanken darüber, was der Amtsleiter unter »Förderung« verstand. Ich überlegte, ob mich der Amtsleiter absichtlich angelogen hatte oder ob ihn der Abteilungsleiter Kurz hintergangen hatte. Im ersten Fall war Gukelberger ein Betrüger, im zweiten Fall hatte er die Förderung falsch organisiert. Deshalb beschloss ich, die Zähne zusammenzubeißen und durchzuhalten, damit ich im Frühjahr 1959 die Prüfung für den mittleren Verwaltungsdienst ablegen konnte.

Ich konnte damals zwischen fremdbestimmtem und selbstgemachtem Stress nicht klar unterscheiden, da ich mir Anerkennung und Wertschätzung erarbeiten und verdienen wollte. Ich neigte dazu, mich mit meiner Aufsteigermentalität zu überfordern. Auf der anderen Seite steckten hinter meiner Leistungsorientierung und meiner unendlichen Selbstdisziplin und Opferbereitschaft eine streng verinnerlichte Arbeitsmoral und Autoritätsprobleme gegenüber Vorgesetzten. Es fehlte mir die Fähigkeit, mich gegen die Überforderung im Sachgebiet Dahms und die offenkundige Ausbeutung im Vorbereitungsdienst als Auszubildender zu wehren. Ich konnte nicht Nein sagen, da ich durch die autoritäre Sozialisierung in meiner Familie daran gehindert wurde. Dieses Tabu hatte für mich eine nachteilige Wirkung, da ich eine starke Berufsorientierung und Berufsidentität entwickelte. Aber gerade diese Eigenschaften verhinderten, dass ich mich vor den Übergriffen in der Arbeitswelt schützen konnte. Ich habe im Personalamt meinen Arbeitseinsatz so gestaltet, dass die Vorgesetzten und der Ausbildungsleiter, Stadtoberamtmann Klein, ihn für selbstverständlich nahmen. Ich konnte keine Reklame für mich machen. Ich musste doch meine Existenzberechtigung jeden Tag aufs Neue beweisen. Die Folge war, dass ich alle erlebten Unge-

rechtigkeiten, Mobbinghandlungen und Gemeinheiten in mich hineingefressen habe.
Natürlich ließ mich meine unfaire und ungerechte Arbeitssituation und die unterschiedliche Behandlung gegenüber meinem Lehrlingskollegen Ingo Remmert nicht zur Ruhe kommen. Welche Erklärung gab es dafür, dass zwischen Ingo Remmert und mir ein so großer Unterschied gemacht wurde? Remmert hatte die Lehrabschlussprüfung mit »gut« bestanden, ich mit »sehr gut«. Wir beide befanden uns im Vorbereitungsdienst für den mittleren Verwaltungsdienst und bezogen Unterhaltszuschuss. Die Unterschiede unserer Behandlung in der Besoldungsabteilung waren doch so offenkundig, dass sie jedermann ins Auge springen mussten. Ich überlegte, warum das Personalamt nicht Ingo Remmert zum 1. Mai 1958 an meinen Schreibtisch gesetzt hatte. Zu diesem Zeitpunkt hätten die Rückstände an meinem Arbeitsplatz nur einen Monat betragen. Ich machte mir Gedanken über die Tricks des Ingo Remmert und seine kecken Sprüche und frechen Augen. Eine solche Privilegierung kommt doch nur durch eigene Mitwirkung zustande. Welche Überredungskünste hatte er angewandt, um Gukelberger und Kurz auf seine Seite zu ziehen? Warum musste ich im Kontrastprogramm als 17-Jähriger malochen bis zum Umfallen?
Da der Ausbildungsleiter Klein schon im Januar 1958 in der Berufsschule bekannt gegeben hatte, dass Ingo Remmert und ich zum Personalamt kommen, hatte sich Ingo im März bei Gukelberger und Klein erkundigt, in welcher Abteilung des Personalamts sein Einsatz vorgesehen sei und dabei erfahren, dass wir zur Besoldungsabteilung kämen, worauf

er auch den Abteilungsleiter Kurz und die Sachgebietsleiter Dahms und Mappus interviewt hatte. Ich überlegte daher, ob Ingo Remmert beim Amtsleiter, Ausbildungsleiter Klein und beim Abteilungsleiter der Besoldungsabteilung, Herrn Kurz, gegen mich, den »Streber«, gestichelt und sich auf meine Kosten eingeschmeichelt hatte. Der Personalchef und Klein waren ohnehin verärgert darüber, dass ihnen der Bezirksvorsteher Erich Mende meine Förderung (»verdient jegliche Förderung«) vorschreiben wollte. Diesen Kompetenzübergriff akzeptierten sie nicht und von einer Förderung meinerseits hielten sie ohnehin nichts. Hatte Ingo Remmert die drei Monate vor meiner Versetzung dazu benutzt, beim Amtsleiter und Abteilungsleiter gegen mich Stimmung zu machen? Ich hatte schon im Bezirksamt Degerloch mitbekommen, dass die Regelbewerber des gehobenen Dienstes talentierte und ehrgeizige mittlere Beamte nicht leiden konnten. Sie wollten von der Zuarbeit tüchtiger mittlerer Beamter profitieren und sie in ihrer Position festhalten. Wenn Remmert bei den beiden Vorgesetzten und bei seinem Sachgebietsleiter, Herrn Mappus, gegen mich gehässige Bemerkungen vom Stapel ließ, ging ich davon aus, dass er bei diesen offene Türen einrannte. Die mittleren Beamten sollten ihnen zuarbeiten, aber nicht Ehrgeiz zum Aufstieg in den gehobenen Dienst zeigen.

Die Schicht der gehobenen Beamten wollte Aufstiegsbeamten aus dem mittleren Dienst keine Aufstiegschancen einräumen. Die gehobenen Beamten betrachteten sich nicht nur als Elite und waren der Meinung, dass die Laufbahn des gehobenen Dienstes ihren Kindern als Erben sozialer und ökonomischer Privilegien vorbehalten war. Ich als Emporkömmling hatte dort nichts zu suchen. Ich aber wollte meinem Herkunftsmilieu entfliehen. Natürlich hat das mir gegebene Versprechen des Amtsleiters, dass er mich fördern wolle, in der Besoldungsabteilung die Runde gemacht. Die gehobenen Beamten in der Besoldungsabteilung haben mich daher unter ihre intensive Beobachtung gestellt und jeden meiner Schritte mit Argusaugen verfolgt. Sie sahen in mir den Günstling des Direktor Gukelberger, den sie ausbremsen wollten. Für sie war der Personalchef mein Mentor. Dass mich aber der Personalchef mit dem Förderungsversprechen zu Höchstleistungen anspornen, ausbeuten und hereinlegen wollte, realisierten sie nicht. Eine solche Raffinesse des Amtsleiters trauten sie diesem nicht zu. Deshalb hatte der Verwaltungsrat Kurz in Absprache mit dem Amtsleiter meine Arbeitssituation extrem negativ gestaltet. Ich hatte damals nicht realisiert, dass das Bürgertum gegen die armen und bildungsfernen Schichten im Bildungssystem und im Berufsleben einen regelrechten »Krieg« führt. Ich muss heute meine Benachteiligung und Ausbeutung zugespitzt im Sinne der Kriegsthese interpretieren. Dass mich damit einige in die Ecke der Verschwörungstheoretiker drücken, muss ich in Kauf nehmen. Aber die gutsituierte Bürgerschicht als Nutznießer dieses Herrschaftssystems möchte, dass ungleiche Bildungschancen und beschränkte Zugangsmöglichkeiten zu privilegierten Berufen fortbestehen, denn wer oben ist, kann nur oben bleiben, wenn die, die unten sind, unten bleiben. Die Laufbahnbeamten des gehobenen Dienstes möchten, dass die bestehende Form der

Laufbahnebenen intakt bleibt und weiterhin als legitim gilt. Wenn der Abteilungsleiter, Verwaltungsrat Kurz, Ingo Remmert und mich in sein Dienstzimmer bestellte, um sich mit uns zu unterhalten, interessierte er sich nur für unsere Freizeitgestaltung. Zuerst fragte er Ingo und hörte ihm mit Interesse zu. Dabei zeigte er Remmert seine uneingeschränkte Sympathie und Aufmerksamkeit, indem er eigentlich nur für ihn volles Gehör zeigte. Meinen Erzählungen hörte er abwesend und nur formal zu. Heute ist mir einsichtig, warum der Abteilungsleiter sich mit uns nicht über dienstliche Angelegenheiten unterhalten wollte. Da Remmert sich in einer komfortablen Ausbildungssituation befand, er aber mich durch eine extrem schlechte Arbeitssituation fertig machen wollte, ging der Abteilungsleiter einem Gespräch über die Arbeit aus dem Weg.

Ich ging regelmäßig mit Ingo Remmert zum Mittagstisch in die Rathauskantine. Ich diskutierte mit ihm, dass ich es als ungerecht empfände, dass ich an einem Schreibtisch mit vier Monatsrückständen saß und keine richtige Einarbeitung erhalten habe. Ich suchte eine Erklärung für die deutliche Bevorzugung und Begünstigung des Ingo Remmert durch den Abteilungsleiter und meine Diskriminierung und Zurücksetzung. Ingo Remmert verfolgte im Geheimen ehrgeizige Ziele. Er wollte ebenfalls beruflich aufsteigen, hatte allerdings die Fähigkeit, seinen Ehrgeiz zu verschleiern und sich zu tarnen. Er spielte dem Abteilungsleiter, seinem Sachgebietsleiter und den Gehaltsrechnerinnen einen lockeren und lässigen Lebenswandel vor, nachdem er erkannt hatte, dass ihm dies das Wohlwollen des Abteilungsleiters und die

Sympathie der übrigen gehobenen Beamten in der Besoldungsabteilung einbrachte. Remmert registrierte, dass es sich bei dem Versprechen des Amtsleiters, mich zu fördern, um eine gigantische Lüge handelte. Er folgerte hieraus zu Recht, dass das Zeigen von Ehrgeiz und Aufstiegswillen, aber auch herausragendes Dienstinteresse und Fleiß, beim Amtsleiter und beim Abteilungsleiter diskriminierende und schikanierende Aktivitäten auslöste. Deshalb wollte er diese niedrigen Beweggründe nicht provozieren. Er konnte sich doch leicht ausrechnen, dass ihm die Vorgesetzten dann genauso unerträgliche Arbeitsbedingungen bieten würden, ihm das Leben ebenfalls zur Hölle machen würden. Warum sollte er schlafende Hunde wecken?
Der Amtsleiter hatte den Personalleiter Klein in seine Diskriminierung meiner Person einbezogen. Er hatte in einer Dienstbesprechung dem Abteilungsleiter der Besoldungsabteilung, Verwaltungsrat Kurz, entsprechende Instruktionen gegeben. Kurz wusste also, dass der Personalamtsleiter mich gezielt mit dem Förderungsversprechen hereinlegen wollte. Gukelberger, Klein und Kurz hassten Kandidaten mit Bestzeugnissen. Für die Umsetzung meiner Diskriminierung und Ausbeutung zogen Gukelberger, Klein und Kurz an einem Strang. Klein und Kurz sprachen sich ab, wie sie in meiner Personalsache eng zusammenarbeiten konnten. Sie wollten mich nicht nur benachteiligen, sondern demütigen. Denn mit meiner Qualifikation, meiner Tüchtigkeit und meinem Fleiß war ich für sie ein rotes Tuch. Alle Vorgesetzten hatten etwas gegen Prüflinge mit Spitzenleistungen. Und diese dunkle Seite wollten sie jetzt in boshaf-

tester und bösartigster Weise an mir austoben. Ich war das Opfer eines intriganten Komplotts geworden, in dem der Amtsleiter/Personalchef, der Personalleiter Klein und der Abteilungsleiter Kurz eng zusammenarbeiten wollten. Gukelberger, Klein und Kurz kam es gerade gelegen, dass ich vor meinem Dienstantritt im Personalamt kein Informationsgespräch geführt hatte. Alle gingen davon aus, dass ich ihren Intrigen und Mobbinghandlungen aufgrund meiner Sach- und Leistungsorientierung sowie meines übertriebenen Pflichtbewusstseins schutzlos ausgeliefert war.
Welche Rolle Ingo Remmert in dem Intrigenbündnis Gukelberger/Klein/Kurz gespielt hat, war mir damals unklar. Da bei ihm aber die Ausbildungssituation berücksichtigt wurde, muss er in jedem Fall Einfluss genommen haben. Deshalb nehme ich an, dass Ingo Remmert in seinem Informationsgespräch im März 1958 Amtsleiter, Ausbildungsleiter (Klein) und Abteilungsleiter Kurz manipuliert und gegen mich eingenommen hat. Ingo Remmert verfolgte mich mit seinem Neid und seiner Missgunst, da ich in der Lehrabschlussprüfung als Bester abgeschnitten hatte. Er missgönnte mir diesen Erfolg in der Lehrabschlussprüfung. Damals habe ich das Intrigengeflecht nicht durchschaut. Ingo Remmert hatte sich in mein Vertrauen eingeschlichen. Ich habe mich mit ihm über die enttäuschenden Erfahrungen in der Besoldungsabteilung ausgetauscht. Ich vermute, dass er bei seinem Sachgebietsleiter und dem Abteilungsleiter ständig gegen mich gehetzt und gestichelt hat. Auf der Basis von Klatsch und Tratsch lassen sich immer Intrigen spinnen. Und Ingo Remmert war ein charmanter und auch intriganter

Zeitgenosse. Da er im Dienst aufgrund des Wohlwollens und der Günstlingswirtschaft des Amtsleiters und des Abteilungsleiters nicht gefordert wurde, konnte er damit seine Langeweile ausfüllen. Intrigen gedeihen vor allem in autoritären Führungsstrukturen, also im öffentlichen Dienst.
Aber der letztlich Verantwortliche für meine erlebte Benachteiligung in der Besoldungsabteilung ab dem ersten Arbeitstag war der Amtsleiter, Direktor Gukelberger. Er hatte mich angelogen. Im Grunde handelte es sich bei dem Förderungsversprechen des Amtsleiters um eine wohlüberlegte Lüge, mit der er einen unerfahrenen jungen Beamten zu Höchstleistungen anspornen wollte. Gukelberger wollte mir gezielt schaden, meine jugendliche Unerfahrenheit ausnutzen. Wenn ein Vorgesetzter einen Mitarbeiter als Mentor fördern möchte, muss er ihn in seinem Bereich einsetzen oder in einem Bereich, in dem er sich auf den zuständigen, ihm untergebenen Vorgesetzten verlassen kann. Deshalb hätte mich Gukelberger, wenn er mich wirklich hätte fördern wollen, in der ihm zuarbeitenden Allgemeinen Verwaltung einsetzen müssen. Da er mich aber betrügen wollte, hatte er mich Verwaltungsrat Kurz zugeteilt. Er wusste, dass der Abteilungsleiter der Besoldungsabteilung, Kurz, Beamte mit Spitzenleistungen hasste. Deshalb hatte er mich der Besoldungsabteilung zugewiesen. Gukelberger war sehr intrigenerfahren und konnte sich ausmalen, dass ich als Dienstanfänger seine Intrige nicht durchschaue. Er hat meine jugendliche Naivität und mein Pflichtbewusstsein gezielt ausgenutzt.
Gukelberger war aus der Laufbahn des gehobenen Dienstes

hervorgegangen. Er war im Zweiten Weltkrieg Zahlmeister gewesen. Vor seiner Einsetzung als Amtsleiter des Personalamts war er Sachbearbeiter in der Beitreibungsabteilung des Steueramts. Amtsleiter wurde er über die FDP (er war Mitglied) und seine Anschrift: Er wohnte im Villenviertel am Killesberg. Gukelberger war geistig schwerfällig. Er passte eigentlich in das Bild eines mittleren Beamten mit seiner Betulichkeit und Borniertheit. Aber im Zweiten Weltkrieg waren die Besten gefallen. Jetzt hatte jede Niete eine Chance. Gukelberger hatte von Personalwirtschaft und Personalentwicklung keine Ahnung. Seine Personalpolitik war so desolat, dass alle meine Mitlehrlinge des Einstellungsjahrgangs 1955 im Jahre 1966 nicht mehr bei der Stadtverwaltung arbeiteten. Ich war der Letzte, der in städtischen Diensten stand.

Herr Kurz, Abteilungsleiter der Besoldungsabteilung, war geistig noch schwerfälliger als Gukelberger. Mündlich konnte er sich überhaupt nicht ausdrücken. Dies wollte er mit seiner Neigung zu Intrigen und zu hinterhältigen Mobbinghandlungen kompensieren. Der Ausbildungsleiter Klein beim Personalamt machte auf arrogant, überheblich und aalglatt. Er hatte dem Bezirksvorsteher des Bezirksamts Degerloch erlaubt, dass er in meinem Fall vom Ausbildungsplan des Personalamts zu meinem Nachteil abweichen durfte und ich als einziger Lehrling länger beim Bezirksamt Stuttgart-Degerloch verbleiben musste. Der Ausbildungsleiter konnte tüchtige mittlere Nachwuchsbeamte, die Ehrgeiz zeigten, nicht leiden. Aus seiner Sicht sollten sie ohne Rücksicht auf Begabung und Leistung in ihrer Laufbahn

verbleiben. Mittlere Nachwuchsbeamte, die Ehrgeiz zeigten, schikanierte und triezte er bis zum Umfallen. Er setzte ihnen mit allen Mitteln des Beamtenrechts zu. Er wollte ihnen den Ehrgeiz austreiben. Der Ausbildungsleiter war der Herr über meine Personalakten und schreckte vor keiner Rechtsentziehung zurück. In seiner Stellung als Ausbildungsleiter stellte er eine katastrophale Fehlbesetzung dar. Er war zusammen mit dem Personalamtsleiter dafür verantwortlich, dass alle meine Mitlehrlinge im Jahre 1966 aus den städtischen Diensten ausgeschieden waren.
Der Arbeitsberg auf meinem Schreibtisch war nur der sichtbare Teil der vor meinem Dienstantritt aufgespeicherten Arbeit. Denn nach meiner Versetzung zur Versorgungsstelle zum 1. Mai 1959 hat mich Frau Hinkel bei einer Begegnung im Dienstgebäude/Rathaus davon informiert, dass Kurz im März angeordnet hatte, dass ab April auf meinem Schreibtisch die arbeitsintensivsten Ämter des Sachgebiets zusammengefasst werden. Zugleich ordnete er an, dass die eingehenden Vorgänge nicht mehr bearbeitet werden, sondern auf dem Schreibtisch gelagert werden. Frau Hinkel weiter: »Dadurch lag auf Ihrem Schreibtisch die Arbeit für 2 Kräfte, während die anderen Kontenführerinnen nur noch halbtags beschäftigt waren.« Die Umorganisation der Ämter brauchte eine gewisse Vorbereitung und war aufwändig. Nutznießerinnen dieser Intrige waren die anderen Sachbearbeiterinnen. Die am 4. April 1958 bei meinem Dienstantritt nicht sichtbare und mir nicht bekannte Umorganisation und der sichtbare Arbeitsberg bildeten also eine Einheit. Die Intrige der Umorganisation war für mich, den Neuling im

Personalamt, der die Strukturen nicht kannte, extrem heimtückisch angelegt. Der Abteilungsleiter der Besoldungsabteilung hatte also schon vor meinem Dienstantritt die Weichen für mich in unfairer Weise gestellt und ein Klima der totalen Arbeitsüberlastung geschaffen. Diese Erschwerung war noch gravierender als die Arbeitsrückstände. Allerdings habe ich von dieser Änderung der Arbeitsbelastungen im Sachgebiet erst nach meinem Weggang aus dem Sachgebiet erfahren. Während meiner Tätigkeit als Gehaltsberechner hatte ich hiervon keine Ahnung. Im Grunde genommen ließ mich der Abteilungsleiter auflaufen. Vermutlich wollte er, dass ich das Handtuch warf. Wie sehr musste mich der Abteilungsleiter hassen, obwohl er mich vorher weder gesehen noch gesprochen hatte! Der Abteilungsleiter hatte in mir endlich ein Objekt gefunden, an dem er – mit stillschweigendem Einverständnis des Amtsleiters – seine Gemeinheiten und seine verbrecherische Veranlagung austoben konnte.

Ich sah mich am ersten Tag als Neuling im Personalamt und im Rathaus in der Stuttgarter Innenstadt vielen Unwägbarkeiten gegenüber, die mich unsicher machten. Ich versuchte einen positiven Eindruck zu vermitteln und meine Unsicherheit zu verdecken. Was mir fehlte, war das Gefühl der Geborgenheit in einem bekannten Umfeld. Denn alles um mich herum war fremd: die Vorgesetzten, die Kollegen und Kolleginnen, die Aufgaben, die Örtlichkeiten und die Arbeitsmethoden. Auch die technischen Hilfsmittel waren neu. Nachdem der Abteilungsleiter Kurz für mich extra einen Einstiegsjob mit doppelter Arbeitsmenge zusammen-

gebastelt hatte, stand ich als Neuling einem undurchsichtigen schwarzen Kasten gegenüber, dessen Komplexität ich nicht durchdringen konnte, der mich aber auf der anderen Seite verunsicherte. Wie konnten Vorgesetzte die Unsicherheit eines 17 Jahre alten Beamtenanwärters am neuen Arbeitsplatz am ersten Tag so skrupellos ausnutzen? Warum kalkulierten sie nicht ein, dass ein derart Geschädigter Rachegedanken entwickelt?
Aufgrund der Erlebnisse am Arbeitsplatz in der Besoldungsabteilung konnte ich nachts immer schlechter schlafen. Vor allem belastete mich die offenkundige Benachteiligung gegenüber meinem Lehrlingskollegen Ingo Remmert, bei dem die Ausbildung und die Bezahlung mit Unterhaltszuschuss berücksichtigt wurden.
Deshalb beschloss ich, mich beim Abteilungsleiter zu beschweren. Ich ging daher in sein Vorzimmer und ließ mir einen Termin geben. Ich wies den Abteilungsleiter darauf hin, dass es seine Pflicht sei, allen Beamtenanwärtern die gleichen Bedingungen zu bieten und ich daher meine Arbeitssituation ungerecht fände. Nebenbei erwähnte ich, dass mir keine systematische Einarbeitung in das für mich total neue Arbeitsgebiet gewährt würde. Ich stellte die Frage: »Wie soll ich vier Monate Arbeitsrückstand ohne systematische Einarbeitung abarbeiten? Warum haben Sie nicht den vor drei Monaten zur Besoldungsabteilung versetzten Lehrlingskollegen Ingo Remmert an diesen Schreibtisch gesetzt? Denn zum 1. Mai haben die Arbeitsrückstände nur einen Monat betragen, sodass sie überschaubar waren. Ich habe den Eindruck, dass Sie mich dafür bestrafen wollen,

dass ich beim Bezirksamt Stuttgart-Degerloch drei Monate länger festgehalten wurde. Ich kann nicht verstehen, dass Sie mir nicht die gleichen Ausbildungsbedingungen wie Ingo Remmert bieten. Warum bieten Sie mir so extrem schlechte Arbeitsbedingungen und warum machen Sie solche offenkundigen Unterschiede?«

Der Abteilungsleiter stellte sich dumm, was ihm bei seiner geistigen Schwerfälligkeit nicht schwer fiel. Nach einer Minute hörte ich ihn sagen: »Sie haben in der Lehrabschlussprüfung als Bester abgeschnitten. Jetzt geht es darum, dass Sie Ihr Können in der Praxis unter Beweis stellen. Da Sie als sehr leistungsstark bekannt sind, bekommen Sie in meiner Abteilung die Chance der praktischen Bewährung. Sie sind ein junger Beamter und müssen meine Sicht der Dinge schon akzeptieren.«

Ich: »Mein Lehrlingskollege Ingo Remmert wird im Dienstzimmer des Sachgebietsleiters von diesem persönlich eingearbeitet, sehr systematisch, sechs Monate lang. Erst danach erhält er sukzessive Arbeitsvorgänge übertragen. Warum bieten Sie mir nicht die gleichen Bedingungen? Sie verletzen den Gleichbehandlungsgrundsatz und verstoßen gegen Art. 3 GG. Schließlich sind wir beide im gleichen Vorbereitungsdienst, bei dem es sich eigentlich um eine Ausbildungszeit handelt. Wir erhalten Unterhaltszuschuss und nicht Gehalt. Warum machen Sie solche Unterschiede?«

Der Abteilungsleiter: »Der Vorbereitungsdienst hat den Zweck, Beamtenanwärter mit den Arbeitsprozessen bekannt zu machen. Die Rückstände auf Ihrem Schreibtisch arbeiten Sie doch schnell ab. Das ist für Sie doch ein Klacks.« Er

wollte jetzt das Gespräch beenden. Er stand hinter seinem Schreibtisch auf und signalisierte mir, dass das Gespräch beendet war. Ich zeigte deutlich, dass mich die widersprüchliche Antwort und seine Ausrede nicht zufrieden stellten. Mir blieb aber nichts anderes übrig, als meine Wut und meine Enttäuschung über seine leeren Sätze zu unterdrücken und sein Dienstzimmer enttäuscht und frustriert zu verlassen. Allerdings konnte ich die Floskeln und das dummdreiste Geschwätz dieses unfair und ungerecht handelnden Vorgesetzten nicht auf mir sitzen lassen.
Ich vereinbarte daher mit dem Vorzimmer des Direktor Gukelberger einen Termin. Bei meiner Vorsprache bei Direktor Gukelberger bin ich sofort zur Sache gekommen: »Herr Gukelberger, Sie haben mir zum Dienstantritt im Personalamt versprochen, dass Sie mich wegen meines vollen Arbeitseinsatzes als 14 Jahre alter Lehrling beim Bezirksamt Degerloch und meines Prüfungsergebnisses in der Lehrabschlussprüfung fördern wollen. Leider erlebe ich in der Besoldungsabteilung gerade das Gegenteil. Ich sitze am Schreibtisch einer Gehaltsrechnerin und habe den Eindruck, dass mein längerer Arbeitseinsatz beim Bezirksamt Degerloch mir angelastet wird, denn an meinem Schreibtisch habe ich Arbeitsberge von vier Monaten unerledigter Arbeit vorgefunden. Auch hat mich der Sachgebietsleiter, Herr Dahms, keine Sekunde eingearbeitet. Meine Ausbildungssituation und Bezahlung mit Unterhaltszuschuss werden in keiner Weise berücksichtigt. Dass es auch anders laufen kann, sehe ich am Umgang mit meinem früheren Lehrlingskollegen Ingo Remmert, bei dem die Ausbildungssituation

voll berücksichtigt wird. Ingo Remmert sitzt im Dienstzimmer des Sachgebietsleiters Herrn Mappus und wird von diesem persönlich sechs Monate lang eingearbeitet. Er erhält nur einzelne Arbeitsvorgänge zum Studieren, führt aber selbst keine Gehaltskonten. Ich dagegen sitze an einem Schreibtisch mit so viel Arbeit, dass ich nicht weiß, wo ich anfangen soll. Ich empfinde dies als Riesenunrecht und Riesendiskriminierung. Denn meine Benachteiligung und Zurücksetzung in der Besoldungsabteilung ist offenkundig.«
Gukelberger schaute mich unwillig an. Nach einer kurzen Zeitspanne, die zu seiner geistigen Schwerfälligkeit passte, erwiderte er: »Sie wissen ja, dass ich ein Anhänger des Leistungsprinzips bin. Natürlich kann ich Sie nur fördern, wenn Sie sich bewährt haben. Ich habe Ihre Förderung mit Herrn Kurz abgesprochen. Wenn für Sie zunächst der Eindruck entsteht, dass Sie im Vorbereitungsdienst ausgenutzt und gegenüber einem Kollegen zurückgesetzt werden, dann ist dies vermutlich nur der erste Eindruck. Ich kenne Herrn Kurz seit vielen Jahren; er leitet seit Jahren die größte Abteilung im Hause. Er wird sich sicherlich etwas dabei gedacht haben, wenn er Ihnen zum Dienstantritt eine harte Nuss zum Knacken gibt. Umso eher lässt sich später Ihre Förderung begründen.«
Nachdem ich Gukelberger fragend anschaute und deutlich zeigte, dass mich seine Antwort nicht zufriedenstellte, fügte er widerwillig hinzu: »Ich werde mit Herrn Kurz reden.«
Gukelberger hatte mich mit blöddreisten Sprüchen abgespeist. Ich erkannte, dass er die diskriminierende Arbeitssituation in der Besoldungsabteilung kannte und akzeptierte.

Ich erhielt also die Bestätigung für meine Annahme, dass der Amtsleiter und der Abteilungsleiter unter einer Decke steckten. In den nächsten Tagen erwartete ich, dass Herr Kurz, der Abteilungsleiter der Besoldungsabteilung, mich in sein Dienstzimmer bestellen und mich auf die bei dem Amtsleiter erhobene Beschwerde ansprechen würde. Aber ich hörte nichts von ihm. Offenkundig hatte meine Beschwerde keinerlei Wirkung ausgelöst. Nachdem der Abteilungsleiter und der Amtsleiter des Personalamts meine Beschwerde nicht ernst genommen hatten, fühlte ich mich machtlos einem System ausgeliefert, in dem die Verantwortung für die unfaire Behandlung nicht exakt zugeordnet werden konnte. Meine Vorgesetzten wollten mich offenkundig aus Boshaftigkeit und Neid auf meine Prüfungsleistungen fertigmachen. Und der Amtsleiter hatte für seine Gemeinheit und Verlogenheit den richtigen Abteilungsleiter ausgewählt. Meine Aktivitäten zur Konfliktlösung hatten deshalb nichts gebracht. Ich fühlte mich von Direktor Gukelberger gezielt angelogen und betrogen. Ich wusste kein Gegenmittel gegen die unfaire Behandlung; ich verdrängte alle Enttäuschungen und erlebten Ungerechtigkeiten und bunkerte sie in meiner Seele ein. Ich konnte mich über die erlebten Ungerechtigkeiten und die Ausbeutung im Personalamt mit niemandem unterhalten. Meine für jeden sichtbare Anti-Förderung und die offenkundige Berücksichtigung der Ausbildungssituation bei Ingo Remmert bereitete mir schlaflose Nächte. Ich bekam Verdauungsbeschwerden. Ebenso trat bei mir Akne auf, die ich heute auf die damaligen Ungerechtigkeiten und die seelische Verdrängung zurückführe.

Gukelberger, Kurz und Klein haben mein Abhängigkeitsverhältnis im Vorbereitungsdienst rücksichtslos ausgenutzt und mir gegenüber respektlos gehandelt; sie wollten wohl erreichen, dass ich wutentbrannt meine Entlassung einreiche. Dass der Personalleiter meine Personalakten schon vor meinem Anfang als Lehrling mit diskriminierenden und verleumderischen Behauptungen über meinen Vater gesetzwidrig und verbrecherisch negativ ausgerichtet hatte, wusste ich damals nicht. Ich hatte allerdings bei der Stadtverwaltung bisher zu großen Einsatz gebracht und wollte daher nicht aufgeben und die Prüfung ablegen. Ich wollte durchhalten und nicht klein beigeben. Der Umstand, dass ich im Vorbereitungsdienst als billige Arbeitskraft ausgebeutet wurde und die Ausbildungssituation und der Unterhaltszuschuss keine Berücksichtigung fanden, belastete und peinigte mich sehr. Ich verdrängte das Unrecht und die Ungerechtigkeit in meine Seele.

In den Monaten Februar bis April 1959 fand der Lehrgang für den mittleren Dienst statt. Lehrgangsleiter war der Leiter des Ausbildungsreferats des Regierungspräsidiums in Stuttgart, Regierungsrat Knoppik. In der Prüfung erzielte ich von 150 Teilnehmern die Bestnote mit »sehr gut«. Dass ich das beste Ergebnis erzielte, kam für mich wieder einmal überraschend. Dieses Erfolgserlebnis ermöglichte mir, die im Personalamt erlebten Ungerechtigkeiten zu verdrängen. Als ich meiner Mutter mitteilte, dass ich in der Prüfung für den mittleren Dienst sogar das beste Ergebnis von 150 Teilnehmern erzielt hatte, verkrampften sich ihre Gesichtszüge zu einer gehässigen Fratze. Wie aus der Pistole geschossen folgte der

Spruch: »Schuster, bleib bei deinen Leisten!« Sie zeigte deutlich, dass sie mir meinen Prüfungserfolg nicht gönnte. Wie sollte ich mit dieser abnormalen Situation umgehen? Ich wandte meine Strategie der Verdrängung an und bunkerte das abnormale Verhalten meiner Mutter ein.
Damals wusste ich noch nicht, dass es mit dem Einbunkern der Ungerechtigkeiten in der Seele nicht getan ist. Denn solche Erlebnisse steigen später aus der Seele auf und lösen psychosomatische Beschwerden, bzw. posttraumatische Belastungsstörungen aus. Sie müssen dann nachbearbeitet werden und verdüstern das Leben.
Was hätte ich damals anders machen können? Warum habe ich es nicht gemacht? Warum habe ich nicht wie Ingo Remmert vor meiner Versetzung zum Personalamt den Amtsleiter Gukelberger, den Ausbildungsleiter Klein, den Abteilungsleiter Kurz und die fraglichen Sachgebietsleiter interviewt? Ingo hatte seine klärenden Gespräche im März begonnen und sich schon damals Klarheit über seinen Einsatz im Personalamt verschafft. Nach der damaligen Einsatzplanung musste ich am 2. Mai 1958 mit Ingo im Personalamt anfangen. Die Verlängerung meiner Dienstzeit im Bezirksamt Stuttgart-Degerloch bis 3. August 1958 hatte das Personalamt erst im April 1958 verfügt. Ich wusste damals nicht, dass solche Versprechen, wie sie mir Gukelberger gegeben hatte, gezielt eingesetzt werden, um Aufstiegswillige zu Höchstleistungen anzuspornen und dass man sich über sie lustig macht, wenn sie dann die Ernte einfahren wollen. Der Amtsleiter hatte genau diese Strategie angewandt und mich hereingelegt. In der damaligen Mob-

bingsituation war ich so unter Druck, dass ich über die Situation keinen klaren Gedanken fassen konnte. Gukelberger, Klein, Kurz und Dahms wollten mich fertig machen. Sie konnten nicht verkraften, dass ich die Lehrabschlussprüfung als Bester mit »sehr gut« abgeschlossen hatte. Dies entfachte ihren grenzenlosen Neid. Ingo Remmert hatte leichtes Spiel, als er mich bei diesen Amtsträgern als »Streber« stigmatisiert und damit bei ihnen ihren Hass gegen mich entfacht hatte. Und ich war, da ich bis zur Prüfung im Frühjahr durchhalten wollte, in einer schlechten Ausgangssituation. Mein Bestergebnis in der Lehrabschlussprüfung, mein zwei Jahre währender voller Arbeitseinsatz in der Sozialhilfestelle und die Empfehlung des Bezirksvorstehers – dass ich jede erdenkliche Förderung verdient habe – haben mir also nur geschadet.

Mein Nachfolger im Sachgebiet Dahms, Rudolf Hesse, hat den Braten schnell gerochen. Er hat in Arbeitsspitzen stets krankgefeiert und ist zum Kultusministerium übergewechselt. Nach seinem Weggang hat Kurz angeordnet, dass die Umorganisation der Ämter wieder rückgängig gemacht wird.

Tätigkeit auf einem Inspektor-Dienstposten

Nach der Laufbahnprüfung für den mittleren Verwaltungsdienst meldete ich mich wiederum bei dem Amtsleiter des Personalamts, Direktor Gukelberger, zum Dienstantritt. Ich hoffte, dass er mich nicht wieder zur Besoldungsabteilung

schicken würde. Gukelberger versprach mir wiederum, mich zu fördern. Er wolle beim Regierungspräsidium in Stuttgart meine Zulassung zum gehobenen Dienst beantragen, wenn ich mich auf einer Inspektorenstelle im Hause bewähren würde. Ich solle daher in der Besoldungsabteilung die Nachfolge eines Stadtinspektors (Stadtinspektor Hirn) antreten. Das Wort »Förderung« erinnerte mich an das verlogene Versprechen zu Beginn des Vorbereitungsdienstes für den mittleren Verwaltungsdienst. Deshalb schaute ich skeptisch, denn während des Vorbereitungsdienstes hatte ich genau das Gegenteil erlebt: Kurz und Co hatten mich mit ihrem Hass verfolgt und wollten mich mit extrem negativen Arbeitsbedingungen und einem schlechten Betriebsklima fertigmachen. Abteilungsleiter Kurz hatte mir die Arbeit in seiner Abteilung zur Hölle gemacht. Diese Bedingungen waren so verletzend und offenkundig, weil in der gleichen Abteilung im Hause meinem Lehrlingskollegen Ingo Remmert ideale Ausbildungsbedingungen geboten worden waren. Zwar hatte ich mich hierüber nicht nur beim Abteilungsleiter Kurz, sondern auch bei Gukelberger beschwert, aber dieser hatte meine Beschwerde mit Floskeln und blöden Ausreden ins Leere laufen lassen. Gukelberger wollte auf meine Beschwerde nicht eingreifen. Ich erkannte damals, dass sein Versprechen inhaltsleer und er nicht mein Mentor war. Dahinter verbargen sich sein hinterhältiger Charakter und seine Unfähigkeit in seinem Job.
Gukelberger wollte mich mit seinem erneuten Versprechen wiederum zu Höchstleistungen anspornen. Ich musste daher davon ausgehen, dass Kurz mir in seiner Abteilung wiede-

rum schaden wollte. Die erneute Förderungszusage löste daher bei mir einen nicht nur beängstigenden, sondern einen bedrohlichen Beigeschmack aus. Wollte mich Gukelberger erneut hereinlegen?

Ich meldete mich daraufhin mit inneren Vorbehalten bei Verwaltungsrat Kurz zum Dienstantritt. Herr Kurz war äußerst wortkarg und brachte mich sofort zu dem Leiter der Versorgungsstelle, Herrn Kümmel. Dieses Fachgebiet war noch stupider als die Gehaltsabrechnung, deshalb bot ein Job dort keinerlei Entwicklungsmöglichkeit.

Mein Einsatz auf einer Inspektorenstelle ließ sich natürlich im Personalamt nicht verheimlichen. Meine »Privilegierung« und »Statuserhöhung« löste bei den gehobenen Beamten nicht nur intensive Beobachtung, sondern auch Neidgefühle, Eifersucht und sogar Hassgefühle aus. Sie fühlten sich bloßgestellt und hatten die Befürchtung, dass weitere Inspektorenstellen »unterbesetzt« werden würden. Ich war schlichtweg einer erhöhten Belastung ausgesetzt, da ich im Blickpunkt stand und mich beweisen musste. Die gehobenen Beamten begegneten mir mit einer negativen Grundeinstellung und Hassgefühlen nach dem Motto: »Das ist der Günstling des Direktor Gukelberger und er ist sicherlich für eine Blitzkarriere vorgesehen.« Gukelberger schürte mit meinem Arbeitseinsatz am Schreibtisch eines Inspektors die Ablehnung, den Neid und den Hass der gehobenen Beamtenschaft gegen mich, den »Streber«, der in der Laufbahnprüfung als Bester abgeschnitten hatte. Hätten sie tiefer nachgehakt, dann wäre ihnen aufgefallen, dass Gukelberger sich nicht wie ein Mentor verhielt und sich um mich gar nicht kümmerte. Natürlich wusste Gukelberger, dass die Schicht der gehobenen Beamten seine Besetzungsentscheidung der Inspektorenstelle nicht akzeptierte. Die gehobenen Beamten betrachteten meine »Statuserhöhung« als Affront. Im öffentlichen Dienst ist die Berufskarriere durch Laufbahnen vorbestimmt, was automatisch zu einem Schichtdenken führt. Jede Schicht möchte sich nach unten abgrenzen. Im Klartext: Die Schicht der gehobenen Beamten will, dass die mittleren Beamten in ihrer Laufbahn verbleiben. Die Vorgesetzten akzeptierten nur mittlere Beamte, solange diese Zufriedenheit mit ihrem Job signalisierten. Sobald sie Ehrgeiz und Aufstiegswillen zeigten, erhielten sie Sperrfeuer mit massivstem Mobbing. Natürlich waren auch meine Laufbahnkollegen wenig erfreut über meine »Statuserhöhung«. Sicher hat sich Gukelberger in den gruppendynamischen Prozessen seines Amtes ausgekannt. Er brachte die Laufbahnbeamen des gehobenen Dienstes gegen mich auf. Er wollte, dass ich als sein angeblicher Schützling im Hause in die Schusslinie geriet. Deshalb hatte er auch die Rolle eines Mentors nicht übernommen.

In der Versorgungsstelle saß ich zwar am Schreibtisch eines Stadtinspektors, aber das Geschäft war noch stupider als die Gehaltsabrechnung der Beamten und Angestellten. Der Job war verblödend, denn erstens handelte es sich beim Versorgungswesen der Beamten und der Zusatzversorgung der Angestellten und Arbeiter um kein entwicklungsfähiges Aufgabengebiet – wie Haushaltswesen, Steuerwesen und Bauwesen usw. –, zweitens konnten in der Besoldungsabteilung keine Führungstechniken erlernt werden, da qualifi-

zierte Führungskräfte mit Vorbildfunktion fehlten und drittens stellten mich die anderen unter ihre intensive Beobachtung.
Ich musste wieder einmal zur Kenntnis nehmen, dass das Leben auch das Ergebnis einer schrecklichen Ungerechtigkeit ist, die Privilegierte und Unterprivilegierte geschaffen hat. In der autoritären öffentlichen Verwaltung ist das Oben und das Unten besonders ausgeprägt. Ich machte mir darüber Gedanken, warum in der menschlichen Geschichte das Oben und Unten in allen Gesellschaften und Staatsformen zementiert ist. Außerdem lernte ich, dass das, was dem Starken lustig erscheinen mag, für den Schwachen verunsichernd und demütigend sein kann. Allerdings wusste ich damals noch nicht, dass Vorgesetzte aus der gut situierten Bürgerschicht gegen soziale Aufsteiger alles unternehmen, um ihnen zu schaden. Sie entwickeln einen destruktiven Ehrgeiz, um ihre eigene Überforderung und schwache Leistungsfähigkeit zu vertuschen und verschleiern.
Mein Kollege Ingo Remmert kam ebenfalls wieder zur Besoldungsabteilung und zum früheren Sachgebiet (Sachgebietsleiter Stadtamtmann Mappus). Bei der Stelle handelte es sich um eine Gehaltsrechnerstelle (Sachbearbeiter). Er erzählte mir, dass er beim Personalleiter für den gehobenen Dienst im Personalamt, Oberverwaltungsrat Würth, wegen der Chance des Aufstiegs in den gehobenen Dienst vorgesprochen habe. Dieser habe ihm eine ausweichende Antwort gegeben. Remmert machte im Dienst auf lässig, war aber sehr ehrgeizig und wollte nicht akzeptieren, dass ihm der Aufstieg in die gehobene Beamtenlaufbahn nicht

ebenfalls versprochen wurde. Er hat sich daraufhin zum Besuch des Abendgymnasiums ab September 1959 angemeldet. Dies hielt er aber vor den Vorgesetzten, den Kollegen und Kolleginnen und auch vor mir geheim. Sein Täuschungsmanöver mit dem lockeren Lebenswandel sollte Zufriedenheit mit seinem Job signalisieren und dies gelang ihm weiterhin. Er verschleierte und vertuschte geschickt seinen Ehrgeiz, er verbarg auch mir gegenüber seinen Neid. Da er dank der Begünstigung durch den Abteilungsleiter im Dienst eine ruhige Kugel geschoben hat, fiel ihm der abendliche Besuch des Abendgymnasiums nicht schwer.

Obwohl ich seit dem 1. Mai 1959 bei der Versorgungsstelle tätig war, erhielt ich über meine Tätigkeit in den Monaten August 1958 bis Januar 1959 in dem Sachgebiet Dahms eine brisante Information zugesteckt, die mir allerdings jetzt nichts mehr nutzte. Ich begegnete im Rathaus einer Kollegin (Frau Hinkel) aus dem früheren Gehaltssachgebiet. Sie erzählte mir, dass der Abteilungsleiter vor meinem Dienstantritt am 4. August 1958 angeordnet hatte, dass auf meinem Schreibtisch die arbeitsintensivsten Ämter des Sachgebiets zusammengefasst werden. Bei der Verteilung der Ämter auf die vier Sachbearbeiter des Gehaltssachgebiets entfielen auf alle vier Arbeitsplätze etwa die gleiche Kontenzahl, aber die Konten auf meinem damaligen Schreibtisch verursachten viel mehr Arbeit. Allerdings habe mein Nachfolger auf dem Arbeitsplatz die ungerechte Arbeitsverteilung der Gehaltskonten auf die Sachbearbeiter durchschaut und bei Arbeitsspitzen immer »krankgefeiert«. Er habe sich daraufhin zum Kultusministerium in Stuttgart beworben und habe inzwi-

schen dort angefangen. Deshalb habe der Abteilungsleiter nach dem Ausscheiden meines Nachfolgers im Gehaltsachsgebiet die vor meinem Arbeitsantritt am 4. August 1958 vorgenommene Umorganisation wieder rückgängig gemacht. Ich war überrascht über eine solche heimtückische Intrige schon vor meinem damaligen Dienstantritt im Personalamt. Es war mir schon damals aufgefallen, dass bei mir viele Gehaltspfändungen anfielen (Steueramt), während bei den übrigen Kolleginnen solche Vorgänge gar nicht vorkamen. Auch der Kundenverkehr – also die persönliche Vorsprache der Beschäftigten der Ämter – war bei mir extrem hoch (Steueramt). Zudem musste ich viele Vergleichsrechnungen für die Übernahme von angestellten Diplom-Ingenieuren in das Beamtenverhältnis (Hochbauamt, Tiefbauamt) erstellen. Jetzt erhielt ich Klarheit darüber, warum ich damals trotz vieler unbezahlter Überstunden Mühe hatte, die tägliche Arbeit zu bewältigen.
Allerdings konnte ich jetzt diese Information nicht mehr verwerten und habe daher die Schweinerei in meine Seele abgesenkt. Besser wäre es gewesen, den Abteilungsleiter der Besoldungsabteilung, Herrn Kurz, mit dieser ungeheuren Intrige zu konfrontieren. Aber meine berufliche Inanspruchnahme absorbierte meine Kräfte, sodass ich diese Gemeinheit verdrängt habe. Noch heute werde ich wütend über diese Intrigen des Abteilungsleiters Kurz. Fazit: Ich erlebte schon vom ersten Arbeitstag am 4. August 1958 an in dem Gehaltssachgebiet massivste Intrigen und Mobbinghandlungen, die mir damals teilweise verborgen blieben. In der Fachliteratur wird heute empfohlen, bei einem Mobbin-

gakt am ersten Arbeitstag den Arbeitgeber zu wechseln. Mobbinghandlungen am ersten Arbeitstag sind danach nicht so selten. Allerdings handelte es sich bei mir um waschechte Intrigen. Solche sind schwerer zu erkennen, da sie hintergründiger sind. Sie sind daher viel gefährlicher wie Mobbinghandlungen.
Der Amtsleiter des Personalamts hatte seine Zusage, dass ich zum gehobenen Dienst zugelassen werde, daran geknüpft, dass ich mich auf der Inspektoren-Stelle bewährte. Dies hat der Abteilungsleiter Kurz ausgenutzt. Er hatte mir daher neben den auf dem Arbeitsplatz anfallenden Linienaufgaben Sonderaufgaben übertragen. Zu diesen Sonderaufgaben gehörte u. a. die Erarbeitung von juristischen Gutachten zu Versorgungsfällen. Bei den Versorgungsfällen handelte es sich um Feuerwehrbeamte, die in den Dreißigerjahren durch Dienstunfälle feuerwehruntauglich geworden waren. Die Stadtverwaltung hatte die Feuerwehrbeamten beim Württembergischen Gemeindeversicherungsverein aG versichert und dieser erstattete die Pensionen. Eine Anpassung an die heutigen Währungsverhältnisse hatte nie stattgefunden. Ich musste untersuchen, ob der Stadt Stuttgart ein Anspruch auf die Anpassung an die heutigen Versorgungsbezüge zustand. Hierfür habe ich den Rechtsgrundsatz der wohlerworbenen Rechte, zurückgehend auf das römische Recht, herangezogen und die Frage bejaht. Mein Gutachten hatte einen Umfang von fünf Seiten. Das Personalamt hat den Vorgang mit meinem Gutachten an das Rechtsamt weitergeleitet und dort hat ein Oberrechtsrat Dr. Dörner mit einem Gutachten von 20 Seiten meine Rechtsauffassung

bestätigt. In einem anderen Fall, der anders gelagert war, musste ebenfalls eine Rechtsfrage geklärt werden, an die ich mich jetzt nicht mehr erinnern kann. Auch dieser Vorgang ging an das Rechtsamt und der gleiche Oberrechtsrat hat meine Rechtsauffassung mit 18 Seiten bestätigt. Ich stellte dann an den Abteilungsleiter der Besoldungsabteilung die Frage, ob denn die Stadt Stuttgart diese Gutachten umsetze. Er antwortete: »Nach so vielen Jahren seit der Währungsreform ist es nicht opportun, jetzt die Anpassung geltend zu machen.« Ich folgerte daraus, dass die Stadt Stuttgart aufgrund ihrer guten Finanzausstattung auf die höheren Erstattungszahlungen verzichtete.
Nach der Prüfung für den mittleren Dienst wollte ich meine Allgemeinbildung verbessern. Deshalb habe ich ab Herbst 1959 an der Volkshochschule Stuttgart hauptsächlich Kurse in Mathematik und Englisch besucht. In der Mathematik habe ich mehrere Semester hintereinander an folgenden Kursen teilgenommen:
Analysis (Differential- und Integralrechnung), Lineare Algebra I und II, Geometrie I und II, Lineare Programmierung. Bei dem Lehrer handelte es sich um einen Oberstudienrat an einem Stuttgarter Gymnasium. In Englisch habe ich an einem Einführungskurs und mehreren Aufbaukursen teilgenommen. Die Lehrerin hat mein Interesse an Shakespeare geweckt. Ich entdeckte meine Begabung und mein Interesse an Mathematik und Formeln.

Im Juli 1959 hat mich der Personalabteilungsleiter für Arbeiter, Stadtoberamtmann Schweiger, in sein Dienstzim-

mer gebeten. Er teilte mir mit, dass das Friedhofsamt wiederholt beim Personalamt den Antrag gestellt habe, meinem Vater wegen Alkoholismus schon in der Frühstückspause fristlos zu kündigen. Da ich im Personalamt arbeite, wolle er mit mir zuerst darüber reden. Ich war schlichtweg geplättet. Ich empfand es als Unverschämtheit, dass das Personalamt mich in das Arbeitsverhältnis meines Vaters involvieren wollte. Deshalb erwiderte ich knapp: »Ich habe mit dem Arbeitsverhältnis meines Vaters nichts zu tun. Die Entscheidung über den Antrag des Friedhofsamts liegt bei Ihnen, bzw. beim Personalamt.« Daraufhin stand ich auf und verließ entrüstet das Dienstzimmer. Ich war sehr verärgert. Das Personalamt hat damals das Arbeitsverhältnis nicht aufgelöst. Offenkundig scheuten die gehobenen Beamten vor keiner Gemeinheit zurück, mich zu demütigen, einzuschüchtern und vorzuführen. Im Grunde genommen war es eine Mobbinghandlung im Rahmen der Mobbingstrategie der gehobenen Beamten.
Beim Gang zum Mittagessen mit meinem Kollegen Ingo Remmert erzählte mir dieser, dass auf dem Schreibtisch seines Sachgebietsleiters, Herrn Mappus, die Personalakten meines Vaters lägen. Da Herr Mappus mit dem Arbeitsverhältnis meines Vaters keinerlei Befassung hatte, fragte ich ihn, zu welchem Zweck Herr Mappus die Personalakten angefordert habe. Ingo Remmert wusste dies nicht. Ich registrierte, dass der Personalleiter für Arbeiter, Stadtoberamtmann Schweiger, die Personalakten ohne Grund und ohne Berechtigung Herrn Mappus zur Verfügung gestellt hatte. Natürlich war ich zutiefst beunruhigt, da eine Woche

vorher das Gespräch mit dem Personaleiter Schweiger stattgefunden hatte. Wie konnte ich mich gegen intrigante gehobene Beamte wehren, die mir aus Langeweile das Leben schwer machen wollten? Ich beschwerte mich beim Personalleiter Herrn Schweiger darüber, dass laut Ingo Remmert Herr Mappus die Personalakten meines Vaters angefordert und erhalten habe. Da die Lohnabrechnung bei einem anderen Sachgebiet durchgeführt werde, könne ich dies nicht nachvollziehen. Ich bat ihn daher, die Personalakten zurückzufordern. Herr Schweiger sagte mir zu, dass es sich um ein Versehen handeln müsse; er werde dafür Sorge tragen, dass die Personalakten in die Registratur seiner Abteilung an ihren Platz gestellt würden. Nach einigen Tagen fragte ich meinen Lehrlingskollegen Ingo, ob die Personalakten meines Vaters noch auf dem Schreibtisch seines Chefs lägen. Er verneinte meine Frage, womit diese Angelegenheit erledigt war.
Heute stellt sich die Frage, warum der Sachgebietsleiter meines Kollegen Ingo Remmert an den Personalakten meines Vaters ein privates Interesse hatte. Hatte Ingo damit etwas zu tun? Ich machte mir damals keine weiteren Gedanken. Aber Ingo war ein charmanter und intriganter Zeitgenosse. Wir haben uns beim Gang zum Mittagessen nie über private Angelegenheiten unterhalten. Ich hatte längst realisiert, dass die Beamtenschaft des gehobenen Dienstes im Personalamt mir an den Karren fahren wollte. Dass diese Aktion wiederum zur Mobbingstrategie der gehobenen Beamten gehörte, war mir klar.
Im April 1960 hat Herr Kurz sich wieder in Szene gesetzt.

Das Personalamt erließ die Versorgungsbescheide normalerweise ohne Rechtsmittelbelehrung. Bei einem Bescheid musste ausnahmsweise eine Rechtsmittelbelehrung beigefügt werden. Hierüber hatte sich Herr Kurz sehr lobend geäußert, obwohl ich sein Lob als unangebracht zurückwies. »Eine Rechtsmittelbelehrung kann man überall abschreiben.« Nach zwei Wochen bestellte mich Herr Kurz in sein Dienstzimmer. Er warf mir vor, dass ich die Urheberschaft für die Rechtsmittelbelehrung beansprucht hätte. Ich wies den Vorwurf mit aller Entschiedenheit und dem Hinweis zurück, dass ich schon damals seine anerkennenden Worte für verfehlt gehalten hatte. Meine Gegen- und Richtigstellung würgte er ab, da seine Sekretärin unser Gespräch nach einigen Minuten unterbrach: »Herr Kurz, Sie werden am Telefon verlangt.« Meine Darstellung interessierte ihn ganz und gar nicht. Offenkundig wollte er mich mit seinem unberechtigten Vorwurf demütigen und beleidigen. Ich registrierte mit Bedauern, dass mich die Schicht der gehobenen Beamten nicht in Ruhe arbeiten lassen wollte. Für die Betriebskampfgruppe Kurz und Co war die Attacke unterhaltsam, für mich aber sehr zermürbend.
Im Jahre 1960, kurz vor Weihnachten, schenkte mir eine Beamtenwitwe einen Pralinenkasten im Wert von 5 DM (etwa 2,50 Euro). Nach den Richtlinien für die Annahme von Geschenken und Belohnungen, beschlossen durch den städtischen Gemeinderat, zeigte ich dies dem Abteilungsleiter an. Dieser nahm dies zunächst zur Kenntnis. Am nächsten Tag kam seine Sekretärin in mein Dienstzimmer und wollte den Pralinenkasten für den Abteilungsleiter abholen.

Ich überreichte ihr den Pralinenkasten, wobei mir unklar war, warum der Abteilungsleiter ihn haben wollte. Als 17-Jähriger ging ich aber davon aus, dass dies alles rechtens war. Danach hörte ich zwei Wochen nichts mehr, was mich sehr beunruhigte. Nach zwei Wochen holte mich der Abteilungsleiter in sein Dienstzimmer und teilte mir mit, dass Direktor Gukelberger den Pralinenkasten an ein Altersheim gesandt habe. Ich zeigte hierüber im Gesichtsausdruck mein grenzenloses Erstaunen. Kurz führte weiter aus: »Daraufhin hat sich die Witwe, die nebenher beim städtischen Vieh- und Schlachthof angestellt ist, bei ihrem Chef, dem Direktor des Vieh- und Schlachthofs, beschwert. Dieser hat Direktor Gukelberger angerufen und ihm vorgeworfen, dass er die Angelegenheit aufgebauscht habe. Direktor Gukelberger wirft Ihnen vor, dass Sie die Sache hochgespielt und aus einer Mücke einen Elefanten gemacht haben.«
Ich war zunächst völlig geplättet, dann erwiderte ich äußerlich ruhig, aber innerlich kochend: »Herr Kurz, ich habe lediglich meiner vorgeschriebenen Anzeigepflicht genügt. Ich konnte bei der Aushändigung des Pralinenkastens nicht wissen, dass Sie diesen an ein städtisches Altersheim mit entsprechendem Schreiben senden. Ich bin natürlich unruhig geworden, als ich den Pralinenkasten nicht zurückbekommen habe. Die Versendung an ein Altersheim und das Schreiben an die Beamtenwitwe wollte ich nicht.«
Der Abteilungsleiter, Herr Kurz, und der Amtsleiter, Direktor Gukelberger, hatten völlig überzogen reagiert. Sie wollten jetzt die Schuld mir in die Schuhe schieben. Diesen Schuh wollte ich mir nicht anziehen. Ich habe daher die

Sekretärin des Direktor Gukelberger angerufen und um einen Gesprächstermin gebeten. Sie wollte den Grund wissen und ich skizzierte kurz das Geschehen. Ich wies besonders darauf hin, dass ich die Angelegenheit nur mit dem Amtsleiter klären könne. Die Sekretärin wollte mich abwimmeln und erwiderte, dass Direktor Gukelberger viele Termine habe. Ich bestand aber auf dem Termin mit dem Hinweis, dass mir Direktor Gukelberger bei meinem Dienstantritt zugesagt habe, dass ich jederzeit zu ihm kommen könne. Die Sekretärin erwiderte hierauf, dass sie mich zurückrufe. Im Anruf am gleichen Tag teilte sie mir den Gesprächstermin mit.
In dem Gespräch mit Direktor Gukelberger kam ich ohne lange Vorrede auf die Angelegenheit zu sprechen. Ich führte aus, dass Herr Kurz mich darüber informiert habe, dass er mir vorwerfe, dass ich die Annahme des kleinen Pralinenkastens von der Beamtenwitwe hochgespielt hätte: »Tatsache ist doch, dass ich das kleine Geschenk nach den Richtlinien über die Annahme von Geschenken und Belohnungen Herrn Kurz angezeigt habe. Als Herr Kurz am nächsten Tag den Pralinenkasten von seiner Sekretärin abholen ließ, habe ich mir nichts dabei gedacht und den Pralinenkasten gutgläubig ausgehändigt. Ich habe dann in der Angelegenheit nichts mehr gehört. Da ich sehr beschäftigt bin, habe ich bei Herrn Kurz nicht nachgefragt. Deshalb bin ich aus allen Wolken gefallen, als mich Herr Kurz darüber informiert hat, dass Sie den Pralinenkasten an ein städtisches Altersheim gesandt und dies der Beamtenwitwe mitgeteilt haben. Hiermit habe ich nicht gerechnet und bin auch nicht davon aus-

gegangen. Hätte ich dies gewusst, hätte ich Herrn Kurz den Pralinenkasten auf sein Verlangen nicht ausgehändigt. Ich habe gegenüber Herrn Kurz meine Entrüstung zum Ausdruck gebracht. Er hat die Angelegenheit in unfairer Weise hochgespielt.«

Gukelberger: »Ich kenne Herrn Kurz seit vielen Jahren. Warum sollte er mir und Ihnen eine Falle stellen?«

Ich: »Ich kenne die Hintergründe dieser Geschichte nicht, auch nicht die Beweggründe des Herrn Kurz. Ich weiß nur, dass ich das Geschenk nach den Richtlinien angezeigt habe und dass damit für mich die Sache erledigt war. Nicht ich, sondern Herr Kurz hat aus der Mücke einen Elefanten gemacht. Deshalb fühle ich mich von Herrn Kurz unfair behandelt. Vermutlich wurden Ihnen die beiden Schreiben zur Unterschrift vorgelegt, ohne dass Sie die Brisanz erkennen konnten.« Eigentlich wollte ich sagen, dass Herr Kurz Direktor Gukelberger die Schreiben in der Unterschriftsmappe untergeschoben hatte, aber diese harte Formulierung wollte ich nicht verwenden.

Gukelberger lief rot an und antwortete aufgebracht: »Ich vertraue Herrn Kurz voll und ganz. Ich muss mich auf Herrn Kurz verlassen, der Sie als überpflichtbewussten Beamten einschätzt. Nachdem Sie Herrn Kurz den Pralinenkasten ausgehändigt haben, hat Herr Kurz die Weiterleitung an das Altersheim veranlasst. Ich bitte Sie, künftig solche Dinge moderater zu behandeln. Wir alle wollen doch keinen Ärger.«

Ich war über diese Verdrehung des tatsächlichen Geschehensablaufs mehr als wütend und musste akzeptieren, dass in hierarchischen Organisationen bei Differenzen zwischen

Vorgesetzten und Untergebenen der Untergebene immer den Kürzeren zieht, auch wenn er im Recht ist. Gukelberger stand hinter seinem Schreibtisch auf und signalisierte, dass die »Audienz« beendet war. Ich stand frustriert auf und verließ grüßend sein Dienstzimmer.

Im Herbst 1960 hatte mir der Abteilungsleiter Kurz eine weitere Sonderaufgabe übertragen. Es handelte sich wohl um sein Steckenpferd. Kurz wollte eine Aktenordnung für seine Abteilung, die er den Sachgebieten verbindlich vorgeben wollte. Zu diesem Zweck habe ich angefangen, seine Handakten durchzusehen, um eine Grobstruktur zu entwerfen. Ich habe die Hauptgruppen ausgearbeitet und die erste Hauptgruppe tiefer strukturiert. Wegen meiner Einberufung zur Bundeswehr zum 1. Juli 1961 konnte ich die Arbeit nicht zu Ende führen.

Bei meinem Dienstantritt am 1. Mai 1959 hatte mir der Personalchef (Amtsleiter des Personalamts, Direktor Gukelberger) zugesagt, dass er mich bei guter Bewährung beim Regierungspräsidium zum Aufstieg in den gehobenen Dienst vorschlagen werde. Deshalb sprach ich 1960 in dieser Behörde bei dem Leiter des Referats für Ausbildung, Regierungsrat Knoppik, vor. Ich fragte ihn sehr freundlich und höflich, welche Voraussetzungen ich für die Zulassung zum Aufstieg in den gehobenen Dienst erfüllen müsse. Ich kannte diesen Beamten vom Ausbildungslehrgang des mittleren Dienstes. Allerdings erlebte ich nach meiner kurzen, freundlich formulierten Frage eine faustdicke Überraschung: Der Beamte lief rot an und schrie mich wutentbrannt an, wobei er hinter seinem Schreibtisch aufstand: »Eine solche Frage muss ich mir von einem jungen Mann nicht gefallen lassen. Verlassen Sie sofort diesen Raum!« Ich war geschockt, überrascht und verließ fluchtartig sein Dienstzimmer.

Der durch nichts begründete und überfallartige Hinauswurf des Regierungsrats aus seinem Dienstzimmer war mehr als frustrierend. Ich konnte daher die ganze Nacht nicht schlafen, da ich ihm hierzu keinen Anlass geboten hatte und mich diese Ungerechtigkeit nicht zur Ruhe kommen ließ. Deshalb überlegte ich, mich bei dem Abteilungsleiter des Regierungsrats, dem Abteilungspräsidenten Dr. Rabe, zu beschweren. Ich informierte mich zunächst über die Rechtslage für den Aufstieg in die gehobene Beamtenlaufbahn. Danach war eine Zulassung zum Vorbereitungsdienst für den gehobenen Dienst erst nach 3 Jahren möglich. Diese Frist lief bei mir am 30. April 1962 ab. Ich vereinbarte daher mit der Sekretärin des Abteilungspräsidenten einen Termin. In dem Gespräch mit dem Abteilungspräsidenten hat dieser das ruppige Verhalten des Regierungsrats mit dessen gesundheitlichen Problemen entschuldigt. Er wies darauf hin, dass ein Antrag nur durch das Bürgermeisteramt erfolgen und ein Aufstiegsbewerber sich nicht bewerben könne. Nach der erschöpfenden Auskunft des Abteilungspräsidenten war gegenwärtig ein Antrag an das Regierungspräsidium aussichtslos und ich musste noch zwei Jahre warten.

Damals wusste ich noch nicht, dass soziale Aufsteiger generell unter ständiger intensiver Beobachtung der »gut situierten Bürgerschicht« stehen und dass deshalb jeder Schritt überwacht und kritisch beäugt wird. Die gut situierte Bürgerschicht stellte in meinem Fall die gehobene und höhere Beamtenschaft im Hause dar. Ich war mein Leben lang immer extrem leistungsorientiert. Ich bin davon ausgegangen, dass Leistungen sich lohnen. Heute weiß ich, dass diese Einstellung zwar von den Eliten und den durch Geburt Begünstigen publiziert wird, sie aber hierunter verstehen, dass ihre Privilegien zementiert werden. Denn Bestleistungen eines Kollegen führen bei den anderen zunächst zu einem Gefühl der Unterlegenheit. Dieses Missbehagen löst bei den anderen Überlegungen aus, in welchen Punkten sie besser als der Kollege dastehen. Sie vergleichen in einem konkreten Fall also die Softfaktoren, d. h. die nicht-leistungsbezogenen Faktoren. Die Herkunft aus einfachen, proletarischen Verhältnissen ist dann eine Schwachstelle. Es entsprach deshalb normalem Verhalten, dass einige Beamte des gehobenen Dienstes im Hause diesen Punkt dazu verwendet haben, mich abzuwerten und mein soziales Ansehen mit Häme und Schmähungen zu untergraben. Die gehobenen Beamten im städtischen Personalamt haben meinen Arbeitseinsatz am Schreibtisch eines Stadtinspektors mit Argwohn zur Kenntnis genommen. Sie sahen in mir den Liebling des Personalchefs, Direktor Gukelberger. Aber in Wirklichkeit war der Personalchef nicht mein Mentor und bei dem Job in der Versorgungsstelle handelte es sich um keine Förderung. Personalchef Gukelberger hatte mich mit der Zuweisung zur Besoldungsabteilung wiederum dem Abteilungsleiter zum Fraße vorgeworfen. Im Klartext:

Gukelberger wollte mich zu Höchstleistungen anspornen und mir durch die Zuteilung zur Besoldungsabteilung maximalen Schaden zufügen.
Bei den feindseligen und demütigenden Aktivitäten von Kurz, Schweiger und Mappus handelte es sich also um keine Zufallsakte, sondern sie wollten mir das Leben schwer machen. Und sie konnten davon ausgehen, dass der Amtsleiter ihre Gemeinheiten für gut befand. Ich vermute, dass der zuständige Personalleiter Stadtoberamtmann Klein – im stillschweigenden Einverständnis mit dem Amtsleiter – im Hintergrund der Drahtzieher war, der zuerst den Abteilungsleiter der Besoldungsabteilung, Verwaltungsrat Kurz, zu seinen Mobbingaktivitäten veranlasst hatte. Dieser hatte dann seinen Sachgebietsleiter, Stadtamtmann Mappus, und den Personalleiter für Arbeiter, Stadtoberamtmann Schweiger, mobilisiert. Kurz hatte sich vermutlich die Involvierung in das Arbeitsverhältnis meines Vaters (Personalleiter Schweiger), den unzulässigen Umgang mit den Personalakten meines Vaters (Sachgebietsleiter Mappus) und den Blödsinn mit der Rechtsmittelbelehrung sowie die Geschenkaffäre (Kurz) ausgedacht. Der Mobbingakt des Regierungsrats Knoppik, Regierungspräsidium in Stuttgart, rundete das Bild ab.
Heute weiß ich, dass meine sehr guten Prüfungsleistungen in der Lehrabschlussprüfung 1958 und in der Prüfung für den mittleren Dienst 1959 in Verbindung mit meiner proletarischen Herkunft die Mobbingaktivitäten des Amtsleiters, des Personalleiters Klein, und von Kurz und Co auf den Plan gerufen haben. Ich hatte mir den Neid und die Missgunst der Vorgesetzten hart erarbeitet.

Zum 1. Juli 1961 wurde ich gemäß Einberufungsbescheid des Kreiswehrersatzamts zur Bundeswehr einberufen. Nachdem ich den Einberufungsbescheid Herrn Kurz gezeigt hatte, wollte dieser, dass ich meiner u. k.-Stellung (u. k. = unabkömmlich) zustimme. Ich wollte aber meinen persönlichen Beitrag zur Verteidigungsbereitschaft der Bundesrepublik leisten. Aus heutiger Sicht sehe ich folgende Gründe für mein Akzeptieren der Einberufung zur Bundeswehr: Erstens, mein Gemeinsinn und mein Pflichtbewusstsein. Zweitens, die feindselige, widernatürliche und gehässige Haltung meiner Mutter, die mich wegen meines Aufstiegswillens und meines Lerneifers hasste. Wie konnte eine Mutter ihrem tüchtigen und fleißigen Sohn, der nach ihrer Verhinderung seines Wechsels auf das Gymnasium gezwungen war, neben dem Beruf seine Bildung zu vervollkommnen, das Leben so schwer machen? Ich habe auch heute keine Erklärung hierfür. Drittens, die verlogenen Förderungsversprechen des Amtsleiters/Personalchefs und die Machtspielchen, die mir der Abteilungsleiter der Besoldungsabteilung, Verwaltungsrat Kurz, seit 1958 geboten hatten. Kurz verfolgte konsequent seine Mobbingstrategie.
Ingo Remmert, der Liebling des Leiters der Besoldungsabteilung, hat im September 1961 – also zwei Monate nach meiner Einberufung zur Bundeswehr – seine Entlassung beantragt, zum Endspurt für das Abendabitur. Jetzt fielen der Personalchef, Abteilungsleiter Kurz und der Sachgebietsleiter Mappus aus allen Wolken. Sie fühlten sich getäuscht und betrogen, Ingo hatte diese verlogene und hinterhältige Intrigenbande hinters Licht geführt und mit ihren

eigenen Waffen geschlagen. Kurz hatte Ingo begünstigt und mich diskriminiert. Jetzt erhielt er die verdiente Rechnung wie König Lear. Ingo hatte sich seit September 1959 auf das Abitur am Abendgymnasium vorbereitet. Er hatte dieses Engagement geheim gehalten. Dies war ihm leicht möglich, da er im Dienst als Liebling des Abteilungsleiters Kurz eine ruhige Kugel schieben durfte und im Dienst geschont wurde. Er hatte dadurch die Energie, nebenher das Abitur nachzuholen. Hätten die Vorgesetzten von seinem Lerneifer gewusst, dann hätten sie ihn genauso gnadenlos mit Arbeit überhäuft und fertiggemacht. Denn sie waren der Meinung: »Wer unten ist, soll unten bleiben, ohne Rücksicht auf Begabung, Talent und Fleiß.«

Ableistung des gesetzlichen Grundwehrdienstes

Ich wurde am 1. Juli 1961 zur Ableistung des gesetzlichen Grundwehrdienstes in die Graf-Stauffenberg-Kaserne in Sigmaringen einberufen. Meine Einheit war die Feldjägerausbildungskompanie der 10. Panzergrenadierdivision. Meine Kameraden in meinem Zimmer mit sechs Betten kamen alle aus Baden-Württemberg. Es waren alle Berufe (Handwerk, Büro) vertreten. Wir mussten uns zuerst in das Kasernenleben einleben, weshalb wir in der ersten Woche keinen Ausgang erhielten. Am Montag der zweiten Woche machten wir uns geschlossen auf zum Umtrunk in der Gaststätte »Prellbock« in Sigmaringen. Ich ging mit, fühlte mich aber nicht wohl. Ich saß den ganzen Abend bei einem Glas

Bier, während die anderen ein Glas nach dem anderen leerten. Künftig hielt ich mich vom »Prellbock« fern. Ich freundete mich mit zwei Kameraden an, die ebenfalls keinen Spaß an alkoholischen Exzessen hatten.

Der Dienst begann um 5.30 Uhr mit Aufstehen, Bettenmachen, Fertigmachen, Frühstücken. Um 7.00 Uhr musste auf dem Kasernenhof angetreten werden. Dann erfolgte die Befehlsausgabe. Tagsüber hatten wir Geländeübungen, Schießen, Sport, Formalausbildung. Der Zugführer rühmte sich seines Einsatzes im Zweiten Weltkrieg bei der Waffen-SS. Unser Ausbilder/Gruppenführer war ein Großmaul. Unschlagbar war ich in Geländemärschen bis 45 km. Nur wenige hielten bis zum Schluss durch. Ich war aber dabei. Ich erzielte auch beim Schießen beinahe die höchstens erreichbaren Punkte, war allerdings bei Geländeübungen nicht so toll. Zur Ausbildung gehörte auch das Rüstzeug für Militärpolizisten. Der Zugführer und Oberfeldwebel machte uns klar, dass es sich bei den Feldjägern um eine Eliteeinheit handele.

Ich bin in den ersten vier Monaten nicht nach Stuttgart gefahren und habe auch kein Lebenszeichen nach Stuttgart zu meinen Eltern gesandt. Ich habe die Wochenenden dazu genutzt, bestimmte Übungen der Waffentechnik zu trainieren. Ich war etwas langsamer als die Kameraden meiner Gruppe beim Auseinandernehmen und Zusammensetzen des MG 42. Dies konnte ich über das Wochenende üben. Außerdem hatte ich von zuhause Romane und Werke der Weltliteratur mitgebracht. Ich habe Tolstoi, Dostojewski und Puschkin gelesen. Nach vier Monaten bekam ich über das Wochenende Ausgang und fuhr nach Stuttgart. Ich wohnte damals ohnehin in Untermiete in der Mönchhaldenstr. 33/1. Meine Vermieterin erhielt die Miete nach dem Unterhaltssicherungsgesetz. Nach den vier Monaten habe ich einen kurzen Besuch bei meiner Mutter absolviert. Sie war froh, mich wiederzusehen. Meine Mutter hatte inzwischen vier Monate lang Zeit gehabt, über ihr abscheuliches Verhalten und ihre durch nichts gerechtfertigte und begründete Ablehnung meiner Person nachzudenken.

Die gesetzliche Wehrpflicht betrug 18 Monate. Zum 1. Januar 1962 wurde ich nach der sechsmonatigen Grundausbildung in Sigmaringen zum Feldjägerbataillon in Mainz-Hechtsheim abkommandiert. Dort wurde ich dem Feldjägerwachkommando zugewiesen. Im Feldjägerwachkommando, geleitet von einem Hauptmann, waren nur Unteroffiziers- und Feldwebeldienstgrade tätig. Nach einem Monat wurde ich zusammen mit einem Kameraden zur Feldjägerschule Sonthofen versetzt. Hierbei handelt es sich um eine alte Burg. Der Leiter der Feldjägerschule nannte sich General der Feldjägertruppe und war ein Oberst. Dort besuchten wir einen Offizierslehrgang mit Abschlussprüfung. Nach 4 Monaten kam ich zum Feldjägerbataillon in Mainz-Hechtsheim zurück. Nach meiner Rückkehr nach Mainz-Hechtsheim bestellte mich der Major des Feldjägerbataillons zu sich, um mir zu eröffnen, dass der zuständige Oberst im Wehrbereichskommando in Mainz ihn beauftragt habe, mir die »Offizierslaufbahn auf Zeit (aber nicht Berufsoffizier)« anzubieten. Ich war darüber mehr als überrascht, da ich von meinen sportlichen Fähigkeiten nicht sehr über-

zeugt war. Meine Ablehnung des Angebots habe ich damit begründet, dass ich nach Ableistung des gesetzlichen Grundwehrdienstes bei der Stadt Stuttgart zum gehobenen Verwaltungsdienst zugelassen werde.
Ich wurde zum Stab des Bataillonskommandeurs versetzt. Mir fehlte eine richtige Aufgabe und ich langweilte mich. Deshalb konnte ich den Major davon überzeugen, dass ich auch im Außendienst eingesetzt werde. Ich bin daher einige Male im Jeep auf Feldjägerstreife mitgefahren. Zu unseren Aufgaben als Militärpolizei gehörten Sicherungsaufgaben im Wehrbereichskommando, polizeiliche Aufgaben bei Kolonnen und die Festnahme von Deserteuren, die den Einberufungsbescheid ignorierten. Diese Aufgaben waren allesamt sehr interessant und abwechslungsreich. Allerdings bemühte sich der Major vergeblich, für mich einen Platz in der Fahrschule der Bundeswehr zu erhalten. Die Fahrschule gehörte zu der in der Kaserne untergebrachten Fernmeldekompanie. Deshalb bildete sie zuerst die Soldaten dieser Kompanie aus.
Am Wochenende fuhren meine aus Sigmaringen mitversetzten Kameraden regelmäßig nach Hause. Ich benutzte auch hier die Wochenendzeit, um mich mit der Weltliteratur zu beschäftigen. Außerdem habe ich meine Englischkenntnisse im Eigenstudium verbessert. Daneben habe ich über meinen weiteren Lebensentwurf nachgedacht. Ich ließ meinen bisherigen Arbeitseinsatz ab dem 14. Lebensjahr bei der Stadt Stuttgart Revue passieren. Ich erkannte, dass ich durch meinen Gemeinsinn und mein Helfersyndrom bisher nicht nur ausgebeutet und ausgenutzt worden war, sondern mich die

Personalverantwortlichen der Stadt Stuttgart für meinen Höchstarbeitseinsatz diskriminierten und sogar verachteten. Ich hatte seit dem 14. Lebensjahr Höchstleistungen erbracht, kein Privatleben gehabt. Aber offenkundig lösten überdurchschnittliche Leistungen den Neid der Vorgesetzten aus. Aufgrund meiner beruflichen Höchstleistungen hatte ich in den Jahren der Pubertät keine Muße, mich zu entwickeln. Dies musste ich irgendwann nachholen, wenn ich nicht als psychischer Krüppel enden wollte. Ich zog daher eine Bilanz meines bisherigen Lebens, das von altruistischen Tugenden wie Bescheidenheit, Hilfsbereitschaft, Selbstlosigkeit und Harmoniebedürftigkeit geprägt war. Ich musste mir ganz besonders meinen Gemeinsinn und mein Helfersyndrom abschminken. Ich kam zu dem Ergebnis, dass Höchstarbeitseinsatz nicht honoriert wird. Ich wollte daher nach der Rückkehr von der Bundeswehr zum 1. Januar 1963 mein Leben grundlegend umkrempeln. Daher fasste ich den Entschluss, künftig mein Talent und meinen überdurchschnittlichen Fleiß in meine Fortbildung zu investieren. Ich wollte nicht mehr weitermachen wie bisher. Mein Kollege Ingo Remmert hatte mir vorgemacht, wie man seine beruflichen Karriereziele durchsetzen muss.
Ich bin zum 31. Dezember 1962 aus der Bundeswehr mit dem Dienstgrad Fähnrich ausgeschieden. Der Leutnants-Dienstgrad war mit der nächsten Wehrübung fällig. Ich habe aufgrund des anschließenden Vorbereitungsdienstes für den gehobenen Dienst keine Wehrübung geleistet.

Kapitel 3

Ausbildung zum Diplom-Verwaltungswirt

Ausbildung in der Praxis

Bevor der Grundwehrdienst zu Ende ging, wurde ich beim Personalamt, Oberverwaltungsrat Würth, Personalleiter für den gehobenen Dienst, wegen meiner Zulassung zum Aufstieg zum gehobenen Verwaltungsdienst vorstellig. Die Zulassung musste beim Regierungspräsidium Nordwürttemberg in Stuttgart beantragt werden. Für den Antrag an das Regierungspräsidium musste der Abteilungsleiter der Besoldungsabteilung eine Beurteilung abgeben. Die Beurteilung lautet wie folgt:

Aufgabengebiet:

Zunächst Gehaltsabrechnung, später Versetzung zur Versorgungsstelle. Nach kurzer Tätigkeit als Versorgungsrechner wurde der Beamte zur Unterstützung des Sachgebietsleiters bei der Führung des einfachen Schriftverkehrs herangezogen. Außerdem hatte er einzelne Versorgungsfälle selbst zu bearbeiten. Erledigung von Sonderaufträgen, Mitwirkung bei Festsetzung der für die Rentenkürzung nach § 9 der Zusatzversorgungsordnung maßgebenden Renten aus der Rentenversicherung der Arbeiter und Angestellten bzw. der zu berücksichtigenden Rententeile.

Anlagen und Leistungen:

Weit überdurchschnittliche Begabung, sehr gute Auffassungsgabe, überlegtes und klares Urteil. Der Beamte vermag sich mündlich und schriftlich klar und verständlich auszudrücken, sein Schriftstil ist einwandfrei. Herr Braun arbeitet zuverlässig und pünktlich. Er erledigte die ihm zugewiesenen Arbeiten selbstständig.

Organisatorische Fähigkeiten sind m. E. vorhanden; der Beamte hatte allerdings noch keine Gelegenheit, sie unter Beweis zu stellen. Hervorzuheben: besonderes Interesse an beruflicher Weiterbildung; klares, logisches Denken.
Persönlichkeitsbild:
Der Beamte zeigte eine lobenswerte Dienstauffassung; er hat ein ausgeprägtes Pflichtbewusstsein und ist sehr fleißig. Auch war er selbstständig bestrebt, seine Allgemeinbildung zu erweitern. Sein Verhalten gegenüber Vorgesetzten, Mitarbeitern und Besuchern war korrekt und höflich.
Hervorzuheben: sehr zielbewusst und strebsam, gesunder Ehrgeiz.

Die Beschreibung meiner bearbeiteten Aufgaben in Teil I ist lückenhaft. Ich habe über diese Tätigkeiten hinaus in den Jahren 1959–1961 bei der Versorgungsstelle der Besoldungsabteilung mehrere rechtliche Gutachten zu Versorgungsfällen erstellt und die Anfangsarbeiten für einen Aktenplan ausgeführt. Bei den juristischen Gutachten handelte es sich um pensionierte Feuerwehrleute, die in den Dreißigerjahren feuerwehrdienstunfähig geworden waren. Ich hatte in juristischen Gutachten festgestellt, dass die Stadt Stuttgart gegenüber dem Württ. Gemeindeversicherungsverein aG Anspruch auf Anpassung der Erstattungszahlungen an die derzeitigen Pensionsbezüge hatte. Trotz dieser eindeutigen Rechtslage hat das Personalamt diese Ansprüche nicht geltend gemacht und Geld verschenkt. Wegen der Einzelheiten nehme ich auf die Ausführungen im Abschnitt »Tätigkeit auf einem Inspektor-Dienstposten« Bezug. Für

den Aktenplan hatte ich die grundlegenden vor meiner Einberufung zur Bundeswehr Vorarbeiten abgeliefert.
Die Beurteilung wurde dem Bericht des Bürgermeisteramts Stuttgart an das Regierungspräsidium Nordwürttemberg betreffs Zulassung zum Vorbereitungsdienst für den gehobenen Verwaltungsdienst beigefügt. Das Regierungspräsidium hat dem Antrag stattgegeben und mich zum Vorbereitungsdienst für den gehobenen Verwaltungsdienst zugelassen. Die Ausbildungsdauer betrug zunächst vier Jahre und nach meinem Antrag auf Verkürzung nur noch drei Jahre. Die Ausbildung erfolgte wiederum im dualen System: Zuerst praktischer Einsatz bei diversen Ämtern und zum Abschluss nach Bestehen der Zulassungsprüfung zum Lehrgang an der Staatlichen Verwaltungsschule Stuttgart, Besuch dieser Einrichtung zwölf Monate lang. Die Stadt Stuttgart hatte durch das Regierungspräsidium folgenden verkürzten Ausbildungsplan genehmigen lassen:

Bezirksamt Stuttgart-Möhringen	6 Monate	Sozialhilferecht, Personenstandswesen, Sozialversicherung
Steueramt	4 Monate	Steuerrecht
Hauptamt	1 Monat	Gemeindeverfassungsrecht
Polizeipräsidium	4 Monate	Polizeiverwaltungsrecht
Baurechtsamt	1 Monat	Baurecht
Stadtmessungsamt	1 Monat	Vermessungswesen, Erschließungsbeitragsrecht, Baulastenbuch II
Jugendamt	1 Monat	Jugendwohlfahrtsrecht
Rechnungsprüfungsamt	1 Monat	Prüfungswesen
Bürgermeisteramt einer kleinen Gemeinde	6 Monate	Kommunales Rechnungs- und Kassenwesen

Ich musste eine Erklärung unterschreiben, dass ich den während des Vorbereitungsdienstes gezahlten Unterhaltszuschuss zurückzahle, wenn ich innerhalb von fünf Jahren nach Ernennung zum Stadtinspektor auf eigenen Antrag aus den städtischen Diensten ausscheide.
Der Vorbereitungsdienst startete am 1. Januar 1963. Mit von der Partie war Harald Krämer, Kollege beim Personalamt. Harald Krämer hatte ein Jahr nach mir mit der Lehre begonnen. Er war nach der Lehre zum Personalamt – Besoldungsabteilung, Sachgebiet Mappus – versetzt worden und war als Sachbearbeiter tätig gewesen. Harald Krämer hatte keinen Grundwehrdienst abgeleistet.
Nach dem Ausbildungsplan wurde ich dem Bezirksamt Möhringen zugeteilt. Ich fing in der Dienststelle Sozialamt an. In der Dienststelle war seit Dezember 1962 der Teufel los, da eine städtische Wohnungsbaugesellschaft in Möhringen eine neue Siedlung gebaut hatte. In die neuen Wohngebäude in bester Lage mit gutem Wohnungszuschnitt zogen weitgehend Sozialhilfeempfänger aus der Stuttgarter Altstadt ein. Bei den Wohngebäuden handelte es sich um dreigeschossige Gebäude; sie waren mit Bad und Dusche ausgestattet, hatten große Wohnflächen und verfügten über große Balkone. Bei den Sozialhilfeempfängern – damals noch Fürsorgeempfänger genannt – handelte es sich überwiegend um Familien, bei denen weder der Ehemann noch die Ehefrau einer geregelten Arbeit nachgingen. Diese Klientel war nicht bescheiden, sondern einige traten großkotzig auf. Allerdings leisteten hierzu auch die Angestellten der Sozialamtsdienststelle ihren Beitrag. Ein Ehemann hatte zehn Kin-

der, konnte sich bei den Angestellten gut darstellen, sodass diese ihn sogar bewunderten. Ich stellte fest, dass Menschen, die nie arbeiten, zu Selbstüberschätzung neigen. Diese Beobachtung widersprach der in der Presse publizierten Meinung, dass alle Sozialhilfeempfänger unter einem »geringen Selbstwertgefühl« leiden.
Die Sozialamtsdienststelle beim Bezirksamt Stuttgart-Möhringen war bisher von einer Fürsorgerin geleitet worden. Nach dem Zugang von neuen Fällen musste die Dienststellenleitung ein gehobener Beamter übernehmen. Ich habe meine Aufgabe mit Bravour ausgeführt. Ich arbeitete als kommissarischer Leiter der Dienststelle Sozialamt vier Monate lang, wechselte dann gemäß dem Ausbildungsplan für einen Monat zum Standesamt und für einen Monat zur Rentenversicherungsstelle beim Bezirksamt Möhringen. Danach kam ich nach Vorgabe im Ausbildungsplan zum Steueramt. Ich habe darauf geachtet, dass der Ausbildungsplan streng eingehalten wurde.
Für den sechsmonatigen Ausbildungsabschnitt bei einer kleinen Gemeinde bewarb ich mich beim Bürgermeister der Gemeinde Kemnat, Kreis Esslingen (4000 Einwohner). Dort arbeitete ich im Rechnungswesen und erlernte die kameralistische Buchführung von der Pike auf. Hierbei erlernte ich die Grundlagen für das Fach Gemeindewirtschaftsrecht, das in der Staatlichen Verwaltungsschule Stuttgart als Hauptfach gelehrt und geprüft wurde (heute Kommunales Wirtschaftsrecht genannt). Der praktische Einsatz im kommunalen Rechnungswesen war das Kernstück der Ausbildung des gehobenen Verwaltungsdienstes in der

Kommunalverwaltung. Zum Ausbau meiner Kenntnisse in Gemeindewirtschaftsrecht besuchte ich eine Arbeitsgemeinschaft »Gemeindewirtschaftsrecht« bei Verwaltungsrat Tenzer in der Stadtkämmerei Stuttgart im Rathaus. Auch mein Kollege und mehrere andere Inspektor-Anwärterinnen und -anwärter, die bei kleinen Bürgermeisterämtern arbeiteten, nahmen hieran teil.

Zum Vorbereitungsdienst gehörte als vorletzter Ausbildungsabschnitt ein dreimonatiger Vorkurs, durchgeführt vom Regierungspräsidium. Dieser schloss mit einer Vorprüfung ab, bei der es sich um die Zulassungsprüfung zum Lehrgang der Staatlichen Verwaltungsschule Stuttgart handelte. Ich bestand die Vorprüfung als Drittbester, erhielt einen Preis und eine Belobigung. Das Schreiben hatte folgenden Text:

»Sehr geehrter Herr Braun,

wie Ihnen bereits bekannt ist, haben Sie beim Leistungswettbewerb für Verwaltungskandidaten am 22. Januar 1964, an dem 164 Teilnehmer zu verzeichnen waren, mit 36 Punkten eine der besten Arbeiten geschrieben. Sie erhalten daher den vom Württembergischen Gemeindeversicherungsverein aG in Stuttgart gestifteten III. Preis mit 50 DM. Ich gratuliere zu diesem Erfolg recht herzlich mit dem Wunsche, dass Sie auch weiterhin solche Prüfungsergebnisse erzielen.«

Chef des Württembergischen Gemeindeversicherungsvereins aG war Prof. Thurn, Lehrbeauftragter für Gemeindewirtschaftsrecht an der Staatlichen Verwaltungsschule Stuttgart.

Am 1. Mai 1965 begann der Lehrgang an der Staatlichen Verwaltungsschule in Stuttgart. Der Lehrgang bestand aus 160 Inspektor-Anwärtern und -innen. Bei der Staatlichen Verwaltungsschule handelte es sich damals um eine Einrichtung des Regierungspräsidiums Nordwürttemberg in Stuttgart. Die Sitzordnung war genau festgelegt, entsprechend dem Alphabet. Der Lehrgangsleiter war Referatsleiter des Ausbildungsreferats des Regierungspräsidiums, Oberregierungsrat Dr. Limbach. Bei den Dozenten handelte es sich um Landräte, Bürgermeister, Regierungsbeamte des höheren Dienstes, Richter des Oberlandesgerichts und des Landgerichts Stuttgart. Die Dozenten waren nebenamtlich tätig. Es fand Unterricht am Vormittag und am Nachmittag statt. Die Dozenten gaben Literaturempfehlungen oder verteilten selbstangefertigte Manuskripte. Ich habe mich im Lehrgang mit Harald Krämer zusammengeschlossen.
In dem Lehrgang an der Staatlichen Verwaltungsschule Stuttgart von April 1965 bis April 1966 waren Harald Krämer und ich die einzigen Aufstiegsbewerber aus dem mittleren Dienst. Damals wurde als Eingangsvoraussetzung zum Vorbereitungsdienst des gehobenen Verwaltungsdienstes die mittlere Reife gefordert. Diese Einstellungsvoraussetzung ist inzwischen gestiegen: Jetzt wird Abitur oder Fachhochschulreife verlangt. Mehrere Teilnehmer im Lehrgang waren am Gymnasium mit der mittleren Reife abgegangen, weil sie nicht in die 7. Klasse versetzt wurden. Es war damals üblich, dass solchen Schülern die Entscheidung zum Schulausstieg dadurch erleichtert wurde, dass in einzelnen Fächern ihre Noten gezielt aufgebessert wurden. Ich war der

einzige Teilnehmer, der seiner gesetzlichen Wehrpflicht genügt hatte. Ich war zugleich der einzige Arbeiterabkömmling. Ein Teilnehmer stammte aus einem Landwirtshaushalt. Diese Abstammungsverhältnisse wurden herumgetratscht, wobei ich als Informanten die Regierungsbeamten des Ausbildungsreferats vermutete.
Im Rahmen des Lehrgangs wurde auf Einladung des Landrats des Landkreises Esslingen ein Tagesausflug in den Landkreis Esslingen durchgeführt. Einer der Programmpunkte war die Besteigung des Wasserturms in Bietigheim-Bissingen. Auf der Plattform stand eine Schnapsflasche mit Gläschen bereit. Ich bestieg zusammen mit Harald Krämer den Wasserturm. Oben auf der Plattform angekommen, boten der Landrat und der Ausbildungsbeamte des Regierungspräsidiums den Lehrgangsteilnehmerinnen und -teilnehmern ein Schnapsgläschen an. Die vor uns gehenden Kolleginnen und Kollegen lehnten das Angebot dankend ab und betraten die Plattform, um die Aussicht zu genießen. Auch mein Kollege Harald Krämer und ich bedankten uns für das Angebot. Meine Ablehnung wollten die beiden Herren nicht akzeptieren und bedrängten mich in penetrantester Art mit einem Schnapsgläschen, obwohl ich nicht wollte. Es fiel mir auf, dass die beiden Beamten nur zu mir so zudringlich waren und mir sogar nachliefen. Harald Krämer, der neben mir ging, haben diese unverschämten und arroganten Beamten nicht bedrängt. Das aufdringliche Verhalten der beiden Beamten grenzte an Nötigung. Die beiden Beamten hatten bei den vor uns gehenden Kollegen und Kolleginnen die ablehnende Haltung respektiert. Es wurde mir sofort

bewusst, dass sie auf meine Abstammung aus Arbeiterverhältnissen anspielten. Sie waren aufgrund meiner Herkunft wohl der Meinung, dass sie mir nicht den Respekt und die Achtung zollen brauchten, mit denen sie die anderen behandelten. Aus heutiger Sicht war es eine Unverschämtheit und Frechheit, ein Akt der Aggression, eine Mobbinghandlung, wie mich der Landrat und der Regierungsamtmann in widerlichster Weise bedrängt hatten, nachdem ich doch freundlich und bestimmt abgelehnt hatte.

Mein Lehrgangskollege Harald Krämer und ich wurden eigentlich insgesamt gesehen aufgrund unseres Status' als Aufstiegsbewerber von den Inspektoranwärterinnen und -anwärtern nicht als Außenseiter behandelt. Ich habe mich sogar während des Lehrgangs mit einer Inspektor-Anwärterin aus Schorndorf angefreundet und mit ihr einmal eine Opernaufführung (Lohengrin) im Staatstheater Stuttgart besucht. Aber die Inspektor-Anwärterin ging plötzlich zu mir auf Distanz. Die anderen Inspektor-Anwärterinnen erzählten mir, dass ihre streng katholischen Eltern ihr den Umgang mit mir verboten haben.

Der einjährige Lehrgang wurde von einer Abschlussprüfung gekrönt. In dieser Prüfung zum gehobenen Verwaltungsdienst 1966 habe ich als Jahrgangsbester von 160 Inspektor-Anwärterinnen und -anwärtern mit der Note II b ganz oben abgeschnitten. Zwei Prüfer (Dozenten) scheuten nicht davor zurück, meine hart erarbeiteten Leistungsnoten herabzusetzen: Ministerialdirigent Rößler im Allgemeinen Verwaltungsrecht die Note II a auf II b, Direktor Thurn in Gemeindewirtschaftsrecht die Note II b auf III a.

Ich hatte in allen Prüfungsfächern einen so guten Notenspiegel, dass mich die beiden trotzdem nicht vom 1. Platz verdrängen konnten. Die beiden konnten offenkundig nicht verkraften, dass ein Aufstiegsbewerber aus dem mittleren Dienst und zugleich Arbeiterabkömmling so gut war. Dies stellte für sie eine Provokation dar. Ich erkannte einen Zusammenhang zu der unverschämten Anmache auf dem Wasserturm in Bietigheim-Bissingen. Offenkundig gehörte dies zu einer Mobbingstrategie der Dozentenschaft.
Da Harald Krämer und ich uns im Lehrgang integriert fühlten, waren wir umso mehr überrascht, als wir auf dem Abschlussball am Tisch zweier Inspektor-Anwärterinnen Platz nehmen wollten und diese dies nicht wollten. Sie entschuldigten ihre ablehnende Haltung mit der Ausrede, dass die Plätze noch belegt würden. Die beiden Tischplätze blieben aber den ganzen Abend frei. Wir beide hatten uns während des Lehrgangsbetriebs mit den beiden Inspektor-Anwärterinnen oft unterhalten und konnten uns daher ihr Verhalten nicht erklären. Wir haben uns dann an einem Vierer-Tisch gesetzt, an dem zwei Lehrgangskollegen saßen, die wir gut kannten. Trotzdem wurde es ein unterhaltsamer Abend.
Zu Beginn des Abschlussballes wurden in den Vorjahren den drei Bestplatzierten Belobigungen und Preise ausgehändigt. Ich wartete daher anfangs gespannt auf diesen Programmpunkt. Aber nichts geschah. Ich registrierte, dass die Prüfungskommission einem Aufstiegsbewerber nicht den 1. Preis aushändigen wollte. Die Diskriminierung richtete sich zwar gegen mich, aber auch die beiden nächsten Prüfungs-

kandidaten – Platz 2 und 3, die in der Vor- bzw. Lehrgangs-Zulassungsprüfung Platz 1 und 2 belegt hatten – gingen auf diesem Abschlussball leer aus. Während des Abschlussballs habe ich erfahren, dass die Prüfungskommission die Noten von sechs Kandidaten, die an sich nach ihren Prüfungsleistungen durchgefallen wären, auf III b unten angehoben hatte. Die gut situierte Bürgerschicht scheut eben vor keiner Günstlingswirtschaft und keinem Prüfungsbetrug zurück.
Leider gönnten mir die Dozenten, Ministerialdirigent Rößler (Allgemeines Verwaltungsrecht) und Direktor Thurn (Gemeindewirtschaftsrecht), mein Abschneiden an der Staatlichen Verwaltungsschule Stuttgart nicht. Ich erkannte, dass dahinter eine Mobbingstrategie steckte: Das Verhalten des Landrats des Landkreises Esslingen und des Ausbildungsbeamten des Regierungspräsidiums während der Kreisbereisung in Esslingen hatte mich tief getroffen; es war nicht spurlos an mir vorübergegangen, sondern hatte sich in meiner Seele eingenistet. Ich musste damals zur Kenntnis nehmen, dass ich unter intensiver Beobachtung der Dozenten und der gehobenen Beamtenschaft stand, zu denen auch Landräte gehörten.
Heute vermute ich, dass die Erklärung für die intensive Beobachtung damit zusammenhing, dass ich die »Frechheit« besessen hatte, als Arbeiterabkömmling und Aufstiegsbeamter in der Vorprüfung zum Lehrgang der Staatlichen Verwaltungsschule als Drittbester abzuschneiden. Dies sorgte für Aufsehen und Aufmerksamkeit bei den Dozenten und löste bei ihnen Diskriminierungsaktivitäten aufgrund meiner sozialen Herkunft aus. Einige dieser Neidhammel

konnten meine guten Ergebnisse in der Vorprüfung nicht verkraften. Dass ich mich vom 3. Platz in der Vorprüfung auf den l. Platz in der Abschlussprüfung emporgearbeitet hatte, betrachteten sie nicht nur als Provokation, sondern als Unverschämtheit. Sie hätten sich einmal darüber Gedanken machen, wie es in einem Staat mit der Bildungsgerechtigkeit aussieht, wenn ein exzellent begabter, bildungswilliger und fleißiger Jugendlicher keine höhere Schule besuchen durfte. Und welches Unrecht einem solchen Jugendlichen angetan wurde! Aber sie waren der Meinung: Wer unten ist, soll unten bleiben. Auch begabte Arbeiterkinder, die um ihr Recht auf Bildung betrogen wurden, sollten ihnen zuarbeiten. Direktor Thurn stammte aus einer Bürgermeister-Familie und der Vater des Ministerialdirigenten Rößler war Präsident des Kammergerichts Berlin.

Skandalöse Führung der Personalakten und mein Ausscheiden

Mit dem Diplomverwaltungswirt (die Nachdiplomierung erfolgte allerdings erst 2002) in der Tasche meldete ich mich beim Amtsleiter des Personalamts, Direktor Gukelberger, zum Dienstantritt. Ich hatte vom 4. August 1958 bis 30. Juni 1961 bei der Besoldungsabteilung des Personalamts gearbeitet. Ich ging davon aus, dass ich als II b-Mann einen guten Einstiegsjob erhalte. Hierzu zählten Dienstposten beim Hauptamt und bei den Personalabteilungen des Personalamts, todsicher aber nicht bei der Besoldungsabteilung.

Umso mehr war ich geschockt, als mir Gukelberger einen Job in der Besoldungsabteilung anbot. Ich erwiderte nach einer Schrecksekunde wie aus der Pistole geschossen: »Ich möchte auf keinen Fall zur Besoldungsabteilung zurück. Ich möchte nicht dort anfangen, wo ich vor einigen Jahren als mittlerer Beamter aufgehört habe.« Gukelberger: »Herr Kurz hat Sie angefordert. Wir wollen doch nur Ihr Bestes. Sie haben doch durch mich bisher bestmögliche Förderung erhalten.«

Diese Behauptung mobilisierte in mir den seit 1958 angestauten Hass und die Wut darüber, dass mich Gukelberger immer nur angelogen und betrogen hatte. Ich hatte bei der Besoldungsabteilung schmachvollste Erniedrigungen und gröbste Beleidigungen erlebt. Ich hatte Erinnerungen, die man nicht vergisst und Hassgefühle, die sich durch nichts beschwichtigen lassen: »Ihre Versprechen, dass Sie mich fördern wollen, waren rein gar nichts wert. Tatsächlich hat Herr Kurz in seiner Abteilung das Gegenteil praktiziert. Im Vorbereitungsdienst für den mittleren Dienst habe ich in Ihrem Amt in der Besoldungsabteilung an einem Schreibtisch angefangen, in dem Herr Kurz extra angeordnet hatte, dass die arbeitsintensivsten Ämter des Sachgebiets für mich zusammengefasst wurden. Damit lag auf diesem Schreibtisch die Arbeit für zwei Kräfte. Außerdem lagen auf dem Schreibtisch bei meinem Dienstantritt die Rückstände von vier Monaten. Ich musste also ohne jegliche Einarbeitung durch den Sachgebietsleiter, Herrn Dahms, die doppelte Arbeitsmenge der arbeitsintensivsten Ämter bewältigen und die vier Monatsrückstände abarbeiten. Meine Zurücksetzung gegenüber meinem Lehrlingskollegen Ingo Remmert, der am 2. Mai 1958 bei der Besoldungsabteilung im Sachgebiet Mappus angefangen hatte, war offenkundig. Er durfte sich sechs Monate lang anhand einzelner Vorgänge einarbeiten. Für die Einarbeitung war sogar der Sachgebietsleiter Herr Mappus persönlich zuständig, denn sein Schreibtisch stand zu diesem Zweck extra im Dienstzimmer des Sachgebietsleiters. Im Kontrastprogramm hat mich Herr Dahms keine Sekunde eingearbeitet. Sie und Herr Kurz haben meine Arbeitsmotivation, mein Vertrauen und meine jugendliche Naivität rücksichtslos und schamlos ausgenutzt und missbraucht. Das lasse ich mir jetzt nicht mehr gefallen.«

Gukelberger: »Ich muss Ihre Vorwürfe gegen Herrn Kurz zurückweisen. Sie sind aus der Luft gegriffen. Ich kenne Herrn Kurz seit vielen Jahren.«

»Ihr Versprechen, mich zu fördern, war eine gigantische Lüge, denn Herr Kurz hat mich mit allen ihm zur Verfügung stehenden Kräften und Mitteln benachteiligt und erniedrigt. Es war eine Fürsorgepflichtverletzung, wie ich im Vorbereitungsdienst als Minderjähriger an einem Arbeitsplatz, der zwei Kräfte erforderte, ausgebeutet wurde. Warum wurde nicht auch bei mir die Ausbildungssituation und die Bezahlung mit Unterhaltszuschuss berücksichtigt? Aber der frühere Mitlehrling war der Liebling des Herrn Kurz und wurde daher im Dienstzimmer des Sachgebietsleiters sechs Monate lang eingearbeitet und durfte Arbeitsvorgänge studieren. Das Personalamt, bzw. der Dienstherr hat seine Fürsorgepflicht mir gegenüber schwer verletzt. Das habe ich nicht vergessen! Entweder Sie haben mich mit Ihrem Förde-

rungsversprechen gezielt hereingelegt oder Herr Kurz hat dies ins Gegenteil verkehrt.«
Gukelberger: »Ich habe Sie nach Ihrer mittleren Dienstprüfung auf eine Inspektorenstelle gesetzt. Ich musste hierbei viele Widerstände im Hause überwinden. Ich habe Sie doch mit allen Mitteln gefördert, dass Sie die Eignung für den gehobenen Dienst erwerben konnten.«
»Der Einsatz auf einer Inspektorenstelle in einem stupiden Aufgabenbereich stellt aus meiner Sicht keine Förderung dar. Insoweit bestreite ich, dass mein Einsatz als Förderung eingestuft werden kann. Leider hat mir Herr Kurz auch während meiner Tätigkeit bei der Versorgungsstelle mehr als genug Schwierigkeiten gemacht. Ich erinnere an die Affäre mit dem kleinen Pralinenkasten vor Weihnachten 1960. Ich habe das kleine Geschenk nach den Richtlinien angezeigt, aber Herr Kurz hat hieraus eine Staatsaffäre gemacht. Die überzogene Behandlung ging doch nicht von mir aus, sondern Herr Kurz hat diese Geschichte aufgebauscht. Danach haben Sie und alle anderen auf mich eingedroschen. Das lasse ich mir jetzt nicht mehr bieten und ich erwarte eine Entschuldigung der damaligen Akteure. Außerdem hat mich Herr Schweiger rechtswidrig in das Arbeitsverhältnis meines Vaters involviert. Bei diesen Vorfällen handelt es sich nur um Beispiele der Gemeinheiten, die ich erleiden musste. Kein Mensch würde an meiner Stelle zu einer Abteilung zurückkehren, in der ihm der Abteilungsleiter das Leben zur Hölle gemacht hat. Herr Kurz ist auch schuld, dass ich zur Bundeswehr gegangen bin. Ich kann nicht verstehen, dass Sie meine Bedenken nicht ernst nehmen.«

Gukelberger schaute sehr verdrießlich und abweisend, erhob sich von seinem Platz und sagte im Befehlston: »Herr Kurz möchte Sie für die Ausarbeitung eines Aktenplans haben und Sie sind der Einzige, der diese Aufgabe schultern kann. Vergessen Sie die alten Kamellen. Herr Kurz erwartet Sie.«

Auch ich erhob mich aus der Sitzecke und erwiderte wütend: »Bei der Besoldungsabteilung fange ich nicht an. Dies ist mein letztes Wort.« Ich verließ grußlos und innerlich kochend das Dienstzimmer.

Gukelberger hatte das Gespräch mit mir in seiner Sitzecke geführt, was er als Auszeichnung ansah. Dies konnte aber nicht darüber hinwegtäuschen, dass er mir einen schlechten Einstiegsjob zuweisen wollte. Ich hatte es satt, mich herumkommandieren und auf extrem schlechten Jobs verdummen und verheizen zu lassen. In dem Gespräch hatte Gukelberger erwähnt, dass das Personalamt den Fehler gemacht habe, »die Lehrlinge zu gut auszubilden«. Er sei überzeugt, dass bei einer spezialisierten Ausbildung einige Lehrlinge froh wären, bei der Stadt Stuttgart beschäftigt zu sein. Damit spielte Gukelberger darauf an, dass alle Mitlehrlinge meines Einstellungsjahrgangs aus den städtischen Diensten ausgeschieden waren. Er drückte also aus, dass die Lehrlinge künftig nicht mehr Einblick in die Arbeit diverser Ämter erhalten sollten. Die Personalverantwortlichen der Stadt wollten, dass die Beamten des mittleren Dienstes in ihrer Laufbahn verblieben. Wer unten ist, soll unten bleiben, damit die, die oben sind, oben bleiben.

Danach ging ich zum Abteilungsleiter der Besoldungsabteilung, Herrn Kurz, um ihm zu sagen, dass ich in seine Abteilung nicht zurückkommen würde. Herr Kurz war ausnehmend freundlich und eröffnete mir die Aufgabe, für die er mich haben wollte: Die Erarbeitung einer Aktenordnung für seine Abteilung, für die ich vor meiner Bundeswehrzeit schon erste Schritte unternommen hatte. Nach seiner Aussage hatte er mehrere gehobene Beamte daran gesetzt, aber alle hatten das Handtuch geworfen.

»Sie sind der Einzige, der diese Aufgaben zu Ende bringen kann. Diese Aufgabe ist viel schwieriger, als ich mir vorgestellt habe. Nach Ihrem Wechsel zur Bundeswehr hat Herr Remmert seine Entlassung eingereicht. Herr Remmert hat mich sehr enttäuscht. Er wollte sein Abi nachholen. Herr Remmert ist die größte Enttäuschung in meinem Leben.« Dabei schaute Kurz sehr frustriert. Ich dachte: König Lear lässt grüßen. Jetzt hat er die Rechnung dafür erhalten, dass er mich ständig gemobbt hat. Ich gönnte ihm die Enttäuschung, denn er hatte Remmert während des Vorbereitungsdienstes 1958 bis 1959 eine beispiellose Günstlingswirtschaft geboten und mich schikaniert und benachteiligt mit allen ihm zur Verfügung stehenden Mitteln. Remmert hatte erkannt, dass er seinen Aufstiegswillen verheimlichen musste, damit er nicht so gemobbt wurde wie ich. Er hatte in der Besoldungsabteilung mit kecken Sprüchen einen lockeren Lebenswandel vorgespielt und verheimlicht, dass er seit 1959 eine Abendschule besuchte. Kurz hatte mich bis 1961 so fertiggemacht, dass ich die Einberufung zur Bundeswehr akzeptiert hatte. Die Diskriminierungsaktivitäten, die er und seine Gehilfen gegen mich in Gang gesetzt hatten, waren der

eigentliche Grund für meinen Grundwehrdienst. Die Intrigen waren besonders hinterhältig angelegt, da sie schon vor meinem Dienstantritt auf den Weg gebracht worden waren. Deshalb wollte ich von dem damaligen Wunsch des Kurz, mich u. k. stellen zu lassen, nichts wissen. In die Hölle in der Besoldungsabteilung wollte ich auf keinen Fall zurück.
Meinen Vorwurf, dass er mich im Vorbereitungsdienst brutal schikaniert und benachteiligt hatte, wies Kurz nicht zurück. Er versprach mir, mir »künftig alle Chancen zu geben«. Aber mein Vertrauen war nicht nur zu Gukelberger, sondern auch zu dem Intriganten und Mobber Kurz total zerstört und konnte nicht mehr geheilt werden. Mit diesen Personalbetrügern und Lügnern wollte ich nichts mehr zu tun haben. Ich verabschiedete mich von ihm und sagte ihm klipp und klar, dass ich in seine Abteilung auf keinen Fall zurückkehren würde.
Nachdem Gukelberger auf meinem Einsatz bei der Besoldungsabteilung bestand, sah ich nur die Möglichkeit, mich über die Halsstarrigkeit des Gukelberger bei dem Ersten Bürgermeister Dr. Hahn (SPD) zu beschweren. Ich ging in das Vorzimmer und erhielt aufgrund der Dringlichkeit der Angelegenheit sogleich einen Gesprächstermin bei Dr. Hahn. Ich schilderte Dr. Hahn die Absicht des Personalamts, mich bei der Besoldungsabteilung einzusetzen. Ich führte hierzu aus: »Herr Dr. Hahn, ich möchte mich zunächst bei Ihnen bedanken, dass ich einen Termin erhalten habe. Aber jetzt zu meinem Anliegen: Ich habe bei der Besoldungsabteilung des Personalamts bis 1961 gearbeitet und anschließend den Vorbereitungsdienst für den gehobenen Dienst

absolviert. Nach der Laufbahnprüfung für den gehobenen Verwaltungsdienst vor ein paar Tagen möchte mich Direktor Gukelberger wiederum in der Besoldungsabteilung einsetzen. Ich möchte aber nicht dort wieder einsteigen, wo ich vor einigen Jahren ausgestiegen bin.«

Herr Dr. Hahn hörte sich meine Bedenken gegen die Einsatzplanung des Personalamts an. Dann bat er mich, sein Dienstzimmer zu verlassen, da er mit Direktor Gukelberger telefonieren wolle. Danach holte mich die Sekretärin wieder in sein Dienstzimmer.

Dr. Hahn: »Ich habe mit Direktor Gukelberger telefoniert. Er möchte Sie auf ausdrücklichen Wunsch des Abteilungsleiters der Besoldungsabteilung dort einsetzen. Der Abteilungsleiter möchte Sie für die Erstellung eines Aktenplans haben, für den Sie vor ihrer Bundeswehrzeit die ersten Grundlagen gelegt haben. Er hat mehrere Beamte des gehobenen Dienstes mit der Aufgabe betraut, sie sind alle gescheitert. Sie sind der Einzige, der diese Aufgabe bewältigen kann. Betrachten Sie doch die Übertragung einer so interessanten Aufgabe als Auszeichnung. Im Übrigen hat sie Direktor Gukelberger in ihrer Laufbahn immer gefördert.«

Ich: »Die Stadtverwaltung hat mich während der Lehrzeit zwei Jahre lang und während des Vorbereitungsdienstes für den mittleren Dienst bei der Besoldungsabteilung als billige Arbeitskraft ausgebeutet. Im Grunde genommen hat sie ihre Fürsorgepflicht verletzt, denn ich war damals 14 bis 17 Jahre alt. Die Förderung eines Mitarbeiters sieht anders aus.«

Dr. Hahn: »Leider sind beinahe alle Lehrlinge Ihres Jahrgangs nicht mehr bei der Stadtverwaltung. Die Stadt Stuttgart hat ihren Lehrlingen eine zu breite Ausbildung geboten, indem sie die Ausbildung bei vielen Ämtern durchgeführt hat. Mit ihrer guten Ausbildung hat die Stadtverwaltung die Unzufriedenheit der Lehrlinge nach bestandener Lehrabschlussprüfung hervorgerufen. Wir werden daher künftig die Ausbildung auf ein Amt spezialisieren. Dann sind die fertigen Lehrlinge froh, anschließend bei der Stadt Stuttgart einen sicheren Arbeitsplatz zu erhalten.«

»Nachdem ich während der Lehrzeit im Bezirksamt Stuttgart-Degerloch und im Vorbereitungsdienst für den mittleren Dienst voll gearbeitet habe, kann ich Ihrer Einschätzung nichts abgewinnen. Eine breite Ausbildung oder überhaupt eine richtige Ausbildung sieht anders aus. Vielleicht hängt das Ausscheiden der Lehrlinge nach der Lehrzeit damit zusammen, dass sie sich in der Lehrzeit ungerecht und unfair behandelt fühlten?«

Dr. Hahn: »Wir werden künftig die Lehrlinge nur noch in einem Amt ausbilden. Mit dieser Schmalspurausbildung werden sie sich nach der Lehre in den städtischen Diensten wohlfühlen.«

»Herr Dr. Hahn, ich kann nicht verstehen, dass die Lehrlingsausbildung im Vergleich zu großen Firmen wie Daimler oder Bosch gut sein soll. Diese Unternehmen unterhalten doch Ausbildungswerkstätten. Ein voller Arbeitseinsatz als billige Arbeitskraft – wie ich ihn in der Lehre und im Vorbereitungsdienst erlebt habe – ist dort undenkbar. Meinen Sie nicht, dass bei der Stadtverwaltung ein Ausbildungsleiter eingestellt werden sollte, der nur für die Lehrlinge zuständig ist?«

Dr. Hahn: »In einer Verwaltung herrschen ganz andere Verhältnisse als bei Daimler. Die Lehrlinge in der Verwaltung bekommen im praktischen Einsatz am meisten mit. Die bisherige Betreuung der Lehrlinge hat sich bewährt. Trotzdem sind wir für Verbesserungen jederzeit offen. Nachdem Ihnen die Stadt Stuttgart sogar den Aufstieg in den gehobenen Dienst ermöglicht hat, kann ich Ihnen nur raten, die Entscheidung des Herrn Gukelberger zu respektieren. Herr Gukelberger hat mir versichert, dass er Sie in ihrer persönlichen Entwicklung weiterhin nach Kräften fördern werde. Sie fangen morgen bei der Besoldungsabteilung an. Dann sehen wir weiter.«
Die beiden letzten Sätze sagte Dr. Hahn im Befehlston. Dr. Hahn stand hinter seinem Schreibtisch auf und verabschiedete mich. Ich war mir darüber im Klaren, dass die Art und Weise, wie man mich auf einen schlechten Einstiegsjob zwingen wollte, mein weiteres dienstliches Leben bei der Stadtverwaltung bestimmen würde. Deshalb wollte ich nicht mehr die Einsatzbefehle der Personalverwaltung akzeptieren, schon gar nicht irgendwelche Versprechungen wie: »dann sehen wir weiter«. Versprechen und Zusagen hatten bisher stets Manipulationscharakter gehabt, wurden nie eingehalten und sogar ins Gegenteil verkehrt; ich war von 1955 bis 1961 belogen und betrogen worden.

Nach den Gesprächen mit Direktor Gukelberger und dem Ersten Bürgermeister, Dr. Hahn (SPD), tauschte ich mich mit Harald Krämer, meinem Lehrgangskollegen an der Staatlichen Verwaltungsschule, aus. Er erzählte mir, dass auch ihn Direktor Gukelberger zur Besoldungsabteilung schicken wollte. Er habe allerdings diesen Einsatz mit der Begründung abgelehnt, dass er nicht bei der Abteilung wieder einsteigen wolle, wo er als mittlerer Beamter aufgehört habe. Deshalb werde er zum Bezirksamt Stuttgart-Stammheim versetzt. Ich registrierte, dass das Personalamt auf meinem Einsatz in der Besoldungsabteilung bestand, weil der Abteilungsleiter Kurz mich für seine Ausarbeitung einer neuen Aktenordnung haben wollte. Die Personalverantwortlichen der Stadt Stuttgart (Direktor Gukelberger und der Erste Bürgermeister Dr. Hahn, SPD) behandelten mich respektlos als minderwertig und wertlos; sie fegten meine Bedenken vom Tisch.

Inzwischen hatte ich den Verdacht, dass mit meinen Personalakten etwas nicht stimmen könnte. Deshalb wollte ich meine Personalakten einsehen, da ich davon ausging, dass die respektlose Behandlung sich aus diesen ergab. Schon während meiner Lehrzeit und meiner Einsatzzeit beim Personalamt hatte ich mitbekommen, dass der zuständige Personalabteilungsleiter/Ausbildungsleiter Klein mir gegenüber voreingenommen war. Klein hatte mir schon bei früheren Gelegenheiten seine Verachtung und seine Geringschätzung gezeigt. Ich suchte daher Herrn Klein in seinem Dienstzimmer auf und beantragte, mir Einsicht in meine Personalakten zu gewähren.

Diese Einsichtnahme erhielt ich am gleichen Tag. Neben mir saß ein Stadtobersekretär, der die Einsichtnahme mit Argusaugen überwachte. Unter den ersten Aktenstücken befand sich eine Stellungnahme der Betriebsfürsorgerin Lübke vom

19. Januar 1955 mit Aussagen zu den Familienverhältnissen meiner Herkunftsfamilie: »Familienverhältnisse positiv. Vater trinkt über den Durst und geht zu anderen Frauen.« Die Betriebsfürsorgerin hatte meine Familie zuhause aufgesucht und meine Mutter hatte wieder einmal ihr Klagelied über das Verhalten meines Vaters gesungen. Dies brachte ihr Erleichterung und schadete mir maximal. Die Stellungnahme war verleumderisch und ich war schockiert und habe den Inhalt notiert. Der Hausbesuch der Betriebsfürsorgerin war ein Ding der Unmöglichkeit und gesetzwidrig. Jetzt wurde mir klar, warum ich schon in der Lehrzeit und in der Besoldungsabteilung des Personalamts ständig diskriminiert wurde und niemandem gut genug war. Denn mit diesem Aktenstück wurde gegen mich von Anfang an Stimmung gemacht nach dem Motto, dass man auf mir herumtrampeln kann. Aber es kam noch schlimmer. Denn in meinen Personalakten lagen mehrere Aktenstücke aus den Personalakten meines Vaters: Schreiben des Friedhofamts, meinen Vater fristlos zu entlassen. Diese Aktenstücke datierten aus den Jahren 1959 und 1960. Danach studierte ich die Beurteilungen des Bezirksvorstehers Erich Mende in der Lehrzeit. Diese waren allesamt vorzüglich. Zu Ende der Lehrzeit musste Mende eine Beurteilung abgeben, die auf den 26. März 1958 datiert ist. Diese enthält den Schlusssatz:
»**Bei der Verfolgung seines beruflichen Werdeganges kann ich jede mögliche Förderung befürworten**.
Auf seinem weiteren Berufsweg begleiten Herrn Hubert Braun meine besten Wünsche.«

Ich registrierte, dass Mende meinen Lehrlings-Einsatz als Sachbearbeiter in seiner Dienststelle Sozialamt 2 Jahre lang auf diese Weise honoriert hatte. Hierdurch wurde vom Ausbildungsplan abgewichen und ich war immerhin 14 bis 16 Jahre alt, also minderjährig.
Am gleichen Abend studierte ich das Landesbeamtengesetz mit Kommentar und dort die Vorschriften über die Führung der Personalakten. Danach sind in die Personalakten eines Beamten außer dienstlichen Vorgängen Vorgänge aufzunehmen, die nur die persönlichen Verhältnisse des Beamten betreffen, aber in einem inneren Zusammenhang mit dem konkreten Beamtenverhältnis stehen. So sind Angaben über den Beruf und die Lebensführung der Eltern unzulässig und rechtswidrig. Deshalb durfte der Vermerk der Betriebsfürsorgerin Frau Lübke nicht in die Personalakten aufgenommen werden. Ebenso hatten die Aktenstücke aus den Personalakten meines Vaters darin nichts verloren. Offenkundig steckte dahinter eine gezielte Rufmordkampagne des Personalleiters Herrn Klein, der diese schon vor meinem Ausbildungsstart planmäßig auf den Weg gebracht hatte. Jetzt war mir auch klar, warum in der Prüfung für den gehobenen Verwaltungsdienst zwei Prüfer meine hart erarbeiteten Noten rechtswidrig herabgesetzt hatten. Auch dies gehörte zur Diskriminierungsstrategie aufgrund der sozialen Herkunft. Der Vermerk vom 19. Januar 1955 und die Aktenstücke aus den Personalakten meines Vaters verstießen nicht nur gegen das Beamtenrecht und gegen das Diskriminierungs- und Willkürverbot, sondern erfüllten auch die Beleidigungstatbestände des StGB.

Nachdem ich derart juristisch sattelfest war, suchte ich am nächsten Tag Stadtoberamtmann Klein in seinem Dienstzimmer auf. Ich verlangte, dass der Bericht der Betriebsfürsorgerin vom 19. Januar 1955 und die negativen Aktenstücke aus den Personalakten meines Vaters aus meinen Personalakten ersatzlos entfernt und vernichtet werden. Herr Klein lehnte meinen Antrag kategorisch ab. Meinen Hinweis, dass seine Aktenführung gegen das Landesbeamtengesetz und gegen die Beleidigungsvorschriften des StGB verstoße, quittierte er mit einem arroganten und überheblichen Lächeln. Der Personalabteilungsleiter: »Sie können ja gerichtlich die Entfernung der Aktenstücke beantragen. Sie werden aber hierbei keinen Erfolg haben. Denn ich halte mich mit der Aktenführung an Gesetz und Recht.«
Ich: »Wenn Sie die Aktenstücke nicht entfernen, werde ich mich bei Direktor Gukelberger beschweren.«
Darauf der Personalabteilungsleiter süffisant und auf dem hohen Ross sitzend: »Tun Sie, was Sie nicht lassen können.«
Daraufhin ging ich in das Vorzimmer des Direktor Gukelberger und erbat bei der Sekretärin einen Gesprächstermin. Diesen erhielt ich aufgrund der skizzierten Dringlichkeit am nächsten Vormittag. Ich informierte Gukelberger darüber, dass ich meine Personalakten eingesehen hatte und verlangte, dass die oben genannten Aktenstücke aufgrund der Gesetzwidrigkeit und des Verstoßes gegen das Willkür- und Diskriminierungsverbot aus meinen Personalakten entfernt werden. Ich forderte ihn auf, Herrn Klein anzuweisen, dass diese diffamierenden und gröblich diskriminierenden Akten-

stücke aus meinen Akten entfernt und ersatzlos vernichtet werden.
Dies lehnte Gukelberger wie folgt ab: »Die Führung der Personalakten fällt in die Zuständigkeit des jeweiligen Abteilungsleiters. Es hat im Hause noch nie Beschwerden über die Führung der Personalakten gegeben. Ich kann nicht erkennen, warum die Führung Ihrer Akten gegen das Gesetz verstoßen sollte. Im Übrigen kann ich mich um die Führung und den Inhalt der Personalakten aller Beschäftigten der Stadtverwaltung nicht kümmern.«
Ich wollte Gukelberger nicht zugestehen, dass er jede Verantwortung von sich wies: »Ich habe den Kommentar zum Landesbeamtengesetz studiert, welche Schriftstücke in Personalakten gehören und welche nicht. Es ist unzulässig und rechtswidrig, Angaben über den Beruf und die Verhältnisse der Herkunftsfamilie in die Personalakten aufzunehmen. Dies ist die Rechtslage nach dem Landesbeamtengesetz, die auch für das Personalamt bindend ist. Ich habe den Eindruck, dass Herr Klein schon vor meinem Lehrbeginn gegen mich ein Vorurteil schaffen und zur Respektlosigkeit mir gegenüber aufrufen wollte.«
Gukelberger: »Ich sehe in Ihrem Fall keine Notwendigkeit, mich um die Führung Ihrer Personalakten zu kümmern. Ich kenne Herrn Klein seit vielen Jahren. Es hat noch nie Anstände wegen seiner Aktenführung gegeben.«
»Wenn die diskriminierenden Aktenstücke nicht entfernt werden, sehe ich mich gezwungen, schon aus diesem Grund meine Entlassung zu beantragen. Es liegt doch an Ihnen, ob Sie mich hierzu zwingen.«

Gukelberger lief rot an und antwortete aggressiv: »Wenn Sie diesen Schritt wagen, werden Sie die im Vorbereitungsdienst gezahlte Vergütung auf Heller und Pfennig zurückzahlen. Dafür werde ich sorgen.«
Ich erwiderte jetzt wutentbrannt und einer Explosion nahe: »Die Stadtverwaltung hat mich bisher nur ausgebeutet und ausgenutzt. Der Aufstieg in den gehobenen Dienst war doch das Mindeste, was mir die Stadt schuldig war. Bei Ihrem Versprechen, mich zu fördern, handelte es sich um eine gigantische Lüge. Sie werden keinen Pfennig erhalten.«
Die Drohung des Gukelberger, mich wegen der im Vorbereitungsdienst erhaltenen Vergütung in Regress zu nehmen, konnte ich vergessen, da der Verwaltungsgerichtshof Baden-Württemberg in Mannheim 1965 entschieden hatte, dass Verpflichtungserklärungen – wie ich sie vor meiner Zulassung zum Vorbereitungsdienst für den gehobenen Dienst unterschrieben hatte – rechtswidrig und daher nichtig waren. Deshalb war die von mir unterschriebene Verpflichtungserklärung nicht das Papier wert, auf dem sie stand.
Ich stand auf und verließ das Dienstzimmer des Amtsleiters des Personalamts, der mich auf boshafteste Weise seit 1958 immer nur angelogen, betrogen und bösartig hintergangen und hereingelegt hatte. Ich war in dem Gespräch nahe daran, zu explodieren. Ich wollte mit den Personalverantwortlichen der Stadtverwaltung nichts mehr zu tun haben. In meiner Seele hatte sich seit 1958 ein immer höher werdender Berg von Lügen des Gukelberger und Diskriminierungen, Kränkungen, seelischen Verletzungen, Intrigen, Mobbinghandlungen und sonstigen Gemeinheiten der Herren Klein

und Kurz und ihrer Mobbinggehilfen aufgetürmt. Seit der diskriminierenden Handlung beim Besteigen des Wasserturms in Bietigheim-Bissingen machte ich mir Gedanken über die Nachholung des Abiturs zwecks Studium. Nach der rechtswidrigen Herabsetzung von zwei Noten in der Prüfung zum gehobenen Verwaltungsdienst war ich mir bewusst, dass ich in dieser Laufbahn nie ein Bein auf den Boden bekommen würde. Mein geplanter Ersteinsatz in der Besoldungsabteilung des Personalamts bestätigte meine Einschätzung.

In der folgenden Nacht machte ich kein Auge zu. Die Schufterei und Ausbeutung in der Lehrzeit bei der Dienststelle Sozialamt mit 14 Jahren, die hinterhältigen Förderungslügen des Amtsleiters im Vorbereitungsdienst für den mittleren Dienst bei der Besoldungsabteilung 1958 bis 1959 und die fiesen und gemeinen Diskriminierungsakte und Machtspiele der Herren Kurz und Co in den Jahren 1959 bis 1961, denen ich schutzlos ausgeliefert gewesen war, stiegen aus meiner Seele auf. Ich war in der Lehrzeit der einzige Lehrling meines Jahrgangs gewesen, bei dem der Ausbildungsplan für meinen Einsatz als Sachbearbeiter beim Sozialamt nicht eingehalten worden war. 1958 hatte ich Direktor Gukelberger und seinem Versprechen vertraut, dass er mich fördern wollte. Ich musste dann in der Besoldungsabteilung beispiellose Zurücksetzungen, Diskriminierungen, Ausbeutung, Intrigen und Mobbingaktivitäten erleiden. Auch bei dem Förderungsversprechen 1959 hatte es sich um eine Lüge gehandelt, da der Einsatz auf einer Inspektorenstelle in der Versorgungsstelle an der stupiden Tätigkeit nichts änderte. Aber Gukelberger hatte einkalkuliert, dass sein Förderungsversprechen die gehobene Beamtenschaft gegen mich aufbrachte und sie mich daher unter ihre intensive Beobachtung stellte. Wie konnte der Oberbürgermeister einen Beamten zum Amtsleiter bestellen, der in der Personalwirtschaft keinerlei Kenntnisse hatte und auch nicht lernfähig war? Aber Gukelberger war über die FDP an seinen Posten gekommen, wobei ihm vermutlich seine Adresse (er wohnte auf dem Killesberg) geholfen hatte. Last not least: Ich hatte für die Zulassung zum gehobenen Verwaltungsdienst viel zu viele Opfer gebracht und mich zu sehr ausbeuten lassen.

Meine Erlebnisse in den Jahren 1955 bis 1966, die ich abgespeichert hatte, zwangen mich zu einem Befreiungsschlag. Ich erkannte, dass ich bei der Stadt Stuttgart und in der Laufbahn des gehobenen Dienstes nie ein Bein auf den Boden bekommen würde. Direktor Gukelberger hatte bei jeder Gelegenheit betont, dass er ein Anhänger des Leistungsprinzips sei. Er hatte mich damit zu Höchstleistungen angespornt und mich gezielt betrogen. Nach meinen schockierenden Erfahrungen handelte es sich hier um ein Lippenbekenntnis, um Aufstiegswillige zu Höchstleistungen anzuspornen und sich dann über sie lustig zu machen. Ich war mit meiner Aufstiegs- und Leistungsphilosophie bei der Stadt Stuttgart gescheitert, da die Personalverantwortlichen von Anfang an gegen mich eine Diskriminierungsstrategie aufgrund der sozialen Herkunft aus Arbeiterverhältnissen betrieben haben.

Nach Reinhard Miegel (Die deformierte Gesellschaft) wird

in Deutschland nicht dem Tüchtigen nachgeeifert, sondern im breiten Strom zu schwimmen reicht völlig aus. Nach Evi Hartmann (Ihr kriegt den Arsch nicht hoch; Campus-Verlag 2018, Seite 159 ff.) leben wir nicht in einer Leistungsgesellschaft, sondern in einer Anspruchsgesellschaft. Nicht wer mehr leistet, sondern wer die größeren Ansprüche wirkungsvoll anmeldet, setzt sich durch. Wer dauerhaft mehr als der Durchschnitt, wer Hervorragendes leistet, bekommt die Ablehnung und Kritik sowie den Hass der Durchschnittlichen zu spüren. Wer seinen Job absitzt, konsequent lediglich Durchschnittliches leistet, sich für Anwesenheit bezahlen lässt und ansonsten Freizeit und Status optimiert, gilt als Held. Leistungsstarken werden bei Anerkennung, Beförderung und Weiterbildung jene vorgezogen, die weniger leisten, aber eine »große Klappe« haben. Überdurchschnittliche Leistungsträger müssen sogar damit rechnen, dass sie von hierarchisch Höhergestellten und Personalverantwortlichen als schädlich (z. B. als »Streber«) stigmatisiert und von ihnen als Bedrohung empfunden und entsprechend bekämpft werden. Das klingt zwar absurd, aber Evi Hartmann liefert die Erklärung dafür, warum ich mit meinen Bestleistungen in Prüfungen für meine Vorgesetzten ein rotes Tuch darstellte. Verantwortungsbewusstsein, Pflichtgefühl und Gemeinsinn verfallen zusehends, denn hemmungsloser Egoismus und Ellbogenmentalität werden belohnt. Deshalb machen heute in Großbürokratien regelmäßig nicht die Leistungsträger, sondern die Networker Karriere.

Die skandalöse und rechtswidrige Führung meiner Personalakten schon vor meinem Dienstantritt im Jahre 1955 und

der mir angebotene schlechte Einstiegsjob zwangen mich, meinen Dienst bei der Stadt Stuttgart zu quittieren. Eine weitere Tätigkeit bei der Stadt Stuttgart wäre Selbstmord gewesen. Ich wollte nicht mehr akzeptieren, dass ich aufgrund meiner Bestnoten in Prüfungen und meiner sozialen Herkunft um meine verdiente Anerkennung und Wertschätzung betrogen wurde. Die Personalverantwortlichen wollten mich auch künftig nicht ernst nehmen und minderwertig behandeln. Ich hatte zwar ein Angebot für eine Amtmann-Stelle bei der Stadt Offenau im Kreis Heilbronn auf dem Tisch liegen, hatte aber inzwischen erkannt, dass ich in der Laufbahn des gehobenen Verwaltungsdienstes nie anerkannt werden würde.
Am nächsten Tag – es war der 13. April 1966 – schrieb ich mein Entlassungsgesuch. Dies empfand ich als Befreiungsschlag, der längst überfällig war. Ich habe unter gleichem Datum gegenüber dem Ersten Bürgermeister Dr. Hahn (SPD) meinen Schritt begründet. Mein Schreiben vom 13. April hatte folgenden Inhalt:

»Sehr geehrter Herr Bürgermeister Dr. Hahn,
die Würfel sind nun leider gefallen. Heue Vormittag musste ich, nachdem mir bereits gestern vom Personalamt bei der Besoldungsstelle ein Arbeitsplatz angeboten wurde, um meine Entlassung nachsuchen. Ich habe mir diese Entscheidung reiflich überlegt. Hat die Stadtverwaltung sonst keine offenen Stellen?
Seit 1955 habe ich alle Energie auf meine Tätigkeit und das endlich erreichte Berufsziel gerichtet. Neben der berufli-

chen Seite habe ich auch an meiner Allgemeinbildung gearbeitet. Zur Ergänzung fehlen mir vor allem noch fremdsprachliche und mathematische Grundkenntnisse. Ich habe mich daher um eine Abkürzung des Vorbereitungsdienstes um 1 Jahr bemüht, damit ich in diesem Zeitraum die mittlere Reife erwerben kann, deren Fehlen mir bisher äußerst unangenehme Erfahrungen eingebracht hat. Auch andere städtische Beamte wurden bereits für diesen Zweck beurlaubt. Lediglich durch meine tragischen Lebensumstände bin ich zu diesem Schritt gezwungen worden. Ich wäre Ihnen, sehr verehrter Herr Bürgermeister Dr. Hahn sehr dankbar, wenn Sie eine Überprüfung meiner Angelegenheit veranlassen würden.
Wenn ich beurlaubt würde, würde ich selbstverständlich das Entlassungsgesuch zurücknehmen. Voraussetzen muss ich allerdings, dass aus meinen Personalakten Aktenstücke entfernt und vernichtet werden, die nicht hineingehören und doch nur dem Zweck dienen, mich als minderwertig zu behandeln. Ferner versichere ich Ihnen, dass ich in diesem Fall nach Ablauf des Jahres meinen Dienst pflichtgemäß bei jedem Amt (mit Ausnahme der Besoldungsstelle des Personalamts) antreten würde. Für Ihre Bemühungen sage ich Ihnen im Voraus besten Dank.
Mit vorzüglicher Hochachtung
Ihr sehr ergebener …«

Dr. Hahn antwortete mir postwendend in herablassendem und arrogantem Stil der Oberschicht, der nicht nur autokratisch und hierarchisch war:

»Sehr geehrter Herr Braun,
auf Ihr Schreiben vom 13. April möchte ich Ihnen doch in aller Offenheit mitteilen, dass ich von Ihrem Entschluss und von Ihrem Verhalten außerordentlich enttäuscht bin. Nachdem wir uns am 12. April so eingehend unterhalten haben, empfinde ich es als ungehörig, dass Sie mir am nächsten Tag kurzerhand mitteilen, Sie hätten um Ihre Entlassung aus dem Beamtenverhältnis bei der Stadt Stuttgart nachgesucht. Was heißt hier »die Würfel sind gefallen« und wie können Sie behaupten, dass Sie sich diese Entscheidung reiflich überlegt haben? Das, was Ihnen fehlt, sind nicht Berechtigungsscheine und Prüfungszeugnisse, sondern ein Mindestmaß an Takt und Anstand, den man von einem Beamten, der die Laufbahn im gehobenen Dienst beginnen will, erwarten könnte. Ich muss deshalb Ihre Vorwürfe, die Sie gegen die Stadtverwaltung erheben, in aller Form zurückweisen. Sie sind in Ihrer Laufbahn außerordentlich gefördert worden und können sich über die Stadt Stuttgart nicht beklagen. Ich habe Ihnen nach bestem Wissen einen Rat gegeben und mich offen mit Ihnen unterhalten. Sie hätten statt des Entlassungsgesuchs zunächst einmal, wie wir besprochen haben, den Dienst antreten sollen, dann hätte man weitersehen können. So sehe ich keine Veranlassung, die Sache nochmals zu überprüfen.
Mit vorzüglicher Hochachtung
Dr. Hahn, Erster Bürgermeister«

Noch heute empfinde ich Abscheu vor diesem Stil und dieser Welt, in der die Herablassung aus allen Zeilen spricht. Das Schreiben des Dr. Hahn enthielt schmachvollste Beschimpfungen und bestätigte mich in meinem Entschluss, der Stadtverwaltung Lebewohl zu sagen. Laut »Stuttgarter Zeitung« hatte der Erste Bürgermeister Dr. Hahn, SPD, bei der Einführung der Stadtinspektor-Anwärterinnen und -anwärter zum 1. April 1966 ausgeführt, dass diese aufbauend auf ihrem Abitur ihre Allgemeinbildung nicht vernachlässigen sollten. Daraus leitete ich ab, dass Dr. Hahn meine Bemühungen zum Nachholen der mittleren Reife unterstützen würde. Bei meiner Beschwerde beim Ersten Bürgermeister Dr. Hahn musste ich zur Kenntnis nehmen, dass diese Ausführungen nur für die anderen und nicht für mich galten.

Der Erste Bürgermeister Dr. Hahn war Mitglied der SPD, die sich früher »Partei der Arbeiter« nannte. Sein Sohn studierte und erhielt an der Universität Stuttgart den akademischen Grad des Diplom-Ingenieurs. Er wurde später sogar Baubürgermeister bei der Stadt Stuttgart, da er die richtige soziale Herkunft und Stallgeruch mitbrachte. Heute weiß ich, dass die gut situierte Bürgerschicht quer durch alle Parteien den Arbeiterkindern keinen Bildungsbissen gönnt. Sie ist eher bereit, die Transferzahlungen zu erhöhen, als das Bildungsprivileg zu teilen! Die gut situierte Bürgerschicht möchte mit allen Mitteln verhindern, dass sich ihre Abkömmlinge auf dem Akademikerarbeitsmarkt der Konkurrenz aufstiegswilliger und -fähiger Arbeiterkinder stellen müssen. Dies war der Grund, warum mich die Personal-

verantwortlichen der Stadt Stuttgart in den Jahren 1955 bis 1966 ständig diskriminiert haben, was man doch als »Krieg« bezeichnen kann. Sie wollten mir jegliche Entwicklungschance durch den Einsatz auf schlechten Jobs nehmen und mich abstrafen. Direktor Gukelberger hatte mich mit seinen Versprechen, mich zu fördern, zu Höchstleistungen angespornt. Aber tatsächlich hatte er mich beim Personalamt mit verdummenden Aufgaben diskriminiert und dem Hass der gehobenen Beamtenschaft ausgeliefert. Dies waren die raffinierten und tückischen Unterdrückungsmechanismen des Bürgertums gegenüber den bildungsfernen Schichten, denen ich allerdings aufgrund meiner Leistungsorientierung und meiner jugendlichen Unerfahrenheit total ausgeliefert war. Erst während meines gesetzlichen Grundwehrdienstes habe ich über mein verfehltes Pflichtbewusstsein und meinen nicht mehr zeitgemäßen Gemeinsinn nachgedacht. Die Idee von der Chancengleichheit ist die größte Lebenslüge in Deutschland. Klaus Wowereit schreibt in seiner Autobiografie (2. Auflage 2007): »Während meines Studiums war mir immer klar, dass Bildung früher ein ungeheures Privileg der besseren Stände gewesen sein muss. Und so ist es heute, trotz aller Bildungsreformen, leider wieder. Die Berliner SPD war schon lange nicht mehr die Kleine-Leute-Partei; ihre Werte Freiheit, Solidarität und Gerechtigkeit sowie gleiche Bildungschancen für alle dienten nur mehr zur Parteitags-Folklore.« (S. 68 und S. 153).
Das Personalamt hat mir ein Dienstzeugnis für meine gesamte Tätigkeitszeit vom 1. Mai 1955 bis 6. April 1966 ausgestellt und zugesandt. In diesem Dienstzeugnis erwähnt

die Stadtverwaltung meine »außerordentliche Begabung« für die Verwaltung. Gukelberger und Co. brauchten fünf Monate, bevor ihnen dämmerte, dass man einem II b-Mann auch einen guten Einstiegsjob anbieten kann. Mit Schreiben vom 9. September 1966 hat mir das Hauptamt, Abteilung Verfassung, eine Amtmannstelle angeboten:

»Sehr geehrter Herr Braun,

ich suche einen fähigen Mitarbeiter und habe gehört, dass Sie derzeit nicht bei der Stadt tätig sind. Könnten Sie sich für die offene Stelle bei mir (Amtmann-Stelle) interessieren? Verwaltungsrecht und Gemeinderecht ist Ihnen ja geradezu auf den Leib geschrieben. Ich würde mich sehr freuen, wenn Sie in den nächsten Tagen bei mir auf dem Rathaus, III. Stock, Zimmer 326, vorbeischauen könnten, damit wir das Nähere besprechen können.

Mit freundlichen Grüßen

gez. Gabriel«

Herr Gabriel hatte an der Kaufmännischen Berufsschule in Stuttgart das Fach Gemeinderecht unterrichtet und kannte meine Neigung für juristische Fragen. Leider war es jetzt zu spät, denn ich wollte an einer Universität studieren. Ich hatte erkannt, dass die Zeit des Hochdienens in einer Verwaltung vorbei war und Leistung keinen Stellenwert mehr hatte.

Kapitel 4

Nachholen der Hochschulreife (Begabtenabitur)

Ich habe daher an der Berufsaufbauschule am Wirtschaftsgymnasium in Stuttgart von April 1966 bis April 1967 die mittlere Reife (Fachhochschulreife) nachgeholt. Wir waren in der Klasse 26 Schüler im Alter von 18 bis 26 Jahren. Ich war der Älteste. Alle Mitschüler kamen aus kaufmännischen Berufen. Ich war der Einzige, der eine Verwaltungsausbildung hinter sich hatte. Der Unterricht erfolgte sehr komprimiert. Ich konnte das umfangreiche Lehrpensum nur bewältigen, weil ich in den Jahren 1959–1961 an der VHS Stuttgart Kurse in Mathematik, Englisch, Physik und Chemie besucht hatte. Außerdem erwies es sich als vorteilhaft, dass ich während meines Grundwehrdienstes in Mainz Romane der Weltliteratur verschlungen hatte. An der VHS hatte die Lehrerin in Englisch besonders mein Interesse an den Königsdramen von Shakespeare geweckt. Deshalb konnte ich diese an den Wochenenden in der Kaserne in Mainz in Ruhe genießen.
Folgende Fächer wurden an der Berufsaufbauschule von Lehrern des Wirtschaftsgymnasiums unterrichtet: Deutsch, Geschichte ab der Neuzeit mit Gemeinschaftskunde, Englisch, Erdkunde mit Wirtschaftsgeografie, Mathematik, Physik und Chemie. Bei dem Fachlehrer für Chemie handelte es sich zugleich um den Klassenlehrer. Für meine Aufsätze in Deutsch habe ich mehrmals das Lob des Studienprofessors erhalten. Aber mein größtes Interesse galt der Mathematik, also der abstrakten Logik. Im Abschlusszeugnis erzielte ich einen Durchschnitt von 1,8 und war der Zweitbeste. Ich erhielt eine Belobigung und der Klassenlehrer überreichte mir ein Preisgeld von 500 DM. Der Klassen-

lehrer hatte an einen Schüler, der aus der DDR stammte, 1500 DM ausgezahlt. Dieser Schüler machte mit diesem Geld einen zweiwöchigen Skiurlaub in Österreich und schwänzte die Schule in diesen zwei letzten Wochen. Der Klassenlehrer war hierüber sehr frustriert und bedauerte seine Großzügigkeit gegenüber diesem Schüler.
Nach diesem tollen Erfolg in einer schulischen Einrichtung und Prüfung wollte ich nicht mehr in die Verwaltung zurück. Ich erkannte, dass mein intellektuelles Potential ausbaufähig war und ich wollte meine Begabung ausschöpfen. Deshalb überlegte ich, ob es einen Weg gab, über eine Sonderprüfung zur Uni zugelassen zu werden. Ich erkundigte mich beim Oberschulamt in Stuttgart über die Sonderreifeprüfung (Begabtenabitur) zur Erlangung der fachgebundenen Hochschulreife in Wirtschaftswissenschaften. Voraussetzung für die Zulassung zur Sonderreifeprüfung war ein berufsqualifizierender Abschluss wie die Laufbahnprüfung für den gehobenen Dienst mit der Note III a. Eigentlich erfüllte ich diese Zulassungsvoraussetzung schon durch meine Note II b mehr als genug. Ich habe dann bei mehreren Nachhilfelehrern Vorbereitungskurse für die Sonderreifeprüfung besucht. Ich musste diese Kurse alle selbst bezahlen. Die Vorbereitung erstreckte sich auf die Hauptfächer Deutsch, Englisch, Mathematik, ebenso auf die Nebenfächer Chemie, Physik und Biologie.

Nach einer sehr intensiven Vorbereitung Tag und Nacht habe ich am 11. Oktober 1967 die Sonderreifeprüfung (damals Begabtenabitur genannt) abgelegt. Mit dem Ablegen der

Prüfung erhielt ich die fachgebundene Hochschulreife. Sie berechtigt zum Studium folgender Studiengänge an Hochschulen und Berufsakademien: Sozialwissenschaftliche Studiengänge, Wirtschaftswissenschaften, Wirtschaftsingenieurwesen, Wirtschaftsinformatik und Wirtschaftsmathematik, Lehramt an beruflichen Schulen (wirtschafts- und sozialwissenschaftliche Fächer, jeweils als berufliche Fachrichtungen).

Kapitel 5

Studium, Wissenschaftlicher Mitarbeiter und Promotion

Studium

Zum Wintersemester 1967/68 habe ich mich an der Universität Stuttgart im Fach Wirtschaftswissenschaften immatrikuliert. Ich war der Erste in meiner Familie, der ein Studium aufgenommen hat. Die Universität Stuttgart ermöglichte damals nur das Grundstudium bis zum Vordiplom. Ich empfand das Studium als ungeheures Privileg und konnte daher das Verhalten von Bummelstudenten nicht verstehen. Ich war sehr diszipliniert und wissbegierig.

Ich hatte anfangs Mühe, mich mit der Uni-Situation vertraut zu machen. Ich ragte aus der Masse der Studenten altersmäßig heraus. Ich war mir darüber im Klaren, dass die Studenten überwiegend aus besseren Verhältnissen stammten. Ich ging davon aus, dass Kinder die Einstellungen und Wertvorstellungen der Familie übernehmen und ich daher für die Uni von Zuhause aus nicht vorbereitet war. Trotzdem fühlte ich mich an der Uni Stuttgart wohl.

Als ich das Studium aufgenommen habe, war ich mir nicht bewusst, welche Folgen diese Entscheidung fürs Studium für meine Familie haben würde. Woher sollte ich wissen, wie mein Umfeld reagieren würde? Woher sollte ich wissen, dass meine Mutter und meine Geschwister befürchteten, dass ich ihnen über den Kopf wachsen würde? Ich habe hin und wieder meine Mutter besucht. Ich konnte mich mit ihr über mein Studium nicht unterhalten. Ein Studium kam aus ihrer Sicht für einen Arbeiterabkömmling nicht in Betracht. Sie tadelte mich daher wegen meines Studiums; sie war schlichtweg dagegen: »Dein Vater ist doch nicht Oberstudienrat. Es ziemt sich nicht, dass du studierst. Schuster bleib bei deinen Leisten.« Meine Mutter konnte mit meinem Studium überhaupt nichts anfangen. Sie konnte sich nicht vorstellen, was studieren bedeutet – woher auch? Schlimmer aber war, dass sie mir vorwarf, meinen sicheren Arbeitsplatz bei der Stadt Stuttgart gegen eine unsichere Zukunft auszutauschen. »Warum bist du nicht bei der Stadt Stuttgart geblieben? Du hättest auch dort Karriere gemacht.« Meine Mutter konnte nicht akzeptieren, dass ich meine intellektuelle Begabung entfalten wollte. Ich hatte damals meine Familie gegen mich.

Das Studium war gut strukturiert. Ich stürzte mich schwerpunktmäßig auf Mathematik für Wirtschaftswissenschaftler I und II und Statistik I und II. Da ich mit dem Fachschaftssprecher befreundet war, habe ich zusammen mit jungen Studenten die Vorlesung in Mathematik aufgezeichnet und ein Manuskript herausgebracht. Mathematik I und II und Buchführung I und II gehörten zu den propädeutischen Fächern. Die Kenntnis dieser Fächer war unbedingt notwendig, um den Vorlesungen in Statistik, VWL und BWL folgen zu können. Die Durchfallquote in Mathematik betrug 85–90 %. Die gleiche Durchfallquote ist im Fach Buchführung I und II aufgetreten. Bei dem Lehrbeauftragten für Mathematik handelte es sich um einen Studienprofessor am Wirtschaftsgymnasium, der Lehrbeauftragte für die Buchführung und Bilanzierung war Oberstudienrat an der Kaufmännischen Berufsschule.

Die extrem hohe Durchfallquote stellte für viele Studenten eine unüberwindliche Hürde dar. Allerdings nicht für alle

Studenten, denn der Lehrbeauftragte für Buchführung und Bilanzierung ließ sich am Samstagabend zu Partys am Swimmingpool einladen und brachte entsprechende Vordrucke für Leistungsscheine mit. Er hat dann einigen anwesenden Studenten die Scheine in Buchführung I und II ausgestellt. Dies stellte einen Missbrauch des Amtes und einen korrupten Akt dar. Von dieser amtspflichtwidrigen Günstlingspraxis erhielt der Fachschaftssprecher Kenntnis. Er hatte eine kaufmännische Ausbildung und war bei dem Dozenten in Buchführung I und II wiederholt durchgefallen. Der Fachschaftssprecher ließ sich von Studenten, die an der Party teilgenommen hatten, eidesstattliche Versicherungen geben. Er beschwerte sich beim Rektor und der Lehrbeauftragte wurde daraufhin gefeuert. Es kam dabei heraus, dass der Lehrbeauftragte diese korrupte Praxis seit zehn Jahren so gehandhabt hatte. Das korrupte Verhalten des Lehrbeauftragten hatte für seinen Hauptjob an der Kaufmännischen Berufsschule keinerlei Konsequenzen.

Meine Mutter besuchte ich jetzt nur noch zu Weihnachten, Ostern und zu ihrem Geburtstag. Ich wollte mir ihre ständige Kritik an meinem Studium nicht mehr anhören.

Ich bin nach vier Semestern zur Vordiplomprüfung angetreten. Gesamtnote: gut. Mein Selbstbewusstsein hat dadurch etwas zugenommen. Ich habe langsam begonnen zu glauben, dass ich etwas kann. Mein Vertrauen in die eigenen Fähigkeiten hat durch dieses gute Zwischenzeugnis einen Schub erhalten.

Daraufhin habe ich mich zum Wintersemester 1969/70 an der Universität Tübingen im Fach Wirtschaftswissenschaften immatrikuliert. Die Universität Tübingen bot zwei Studiengänge in Wirtschaftswissenschaften an: Studium der VWL und Studium für das Höhere Lehramt an Wirtschaftsgymnasien. Mir schwebte damals das Berufsziel Gymnasiallehrer am Wirtschaftsgymnasium vor. Ich begann mein Studium in einer Zeit, in der es an den Unis rumorte. Auslöser des weltweiten politischen Protestes war der Krieg der Weltmacht USA gegen das kleine Vietnam. Die westdeutsche Studentenbewegung hatte schon 1961 begonnen. Der Protest richtete sich gegen die konservative Spießigkeit und Enge der Nachkriegsgesellschaft. Die Kritik betraf insbesondere die nicht durchgeführte Aufarbeitung der nationalsozialistischen Vergangenheit. Ein namhafter Vertreter aus der Nazizeit war der Bundeskanzler Kurt Georg Kiesinger, CDU, der eine Große Koalition aus SPD und CDU/CSU gebildet hatte. Ein weiterer Name muss hier genannt werden: Hans Filbinger, CDU, Ministerpräsident in Baden-Württemberg. Die an den Unis entstandene politische Bewegung forderte Hochschulreformen mit dem Slogan: »Unter den Talaren – den Muff aus 1000 Jahren«, ehe der Kampf für gesellschaftliche Veränderungen in den Vordergrund trat. Treibende Kraft der Studentenbewegung war der Sozialistische Studentenbund (SDS), der den Kern der sogenannten Außerparlamentarischen Opposition bildete. Der SDS formierte sich nach dem Zustandekommen der Großen Koalition 1966. Nach dem Tod des Studenten Benno Ohnesorg 1967 und dem Attentat auf Rudi Dutschke 1968 eskalierten die Studentenunruhen.

In Tübingen hatten die Studentenunruhen ihren Höhepunkt überschritten, waren aber immer noch gegenwärtig. An der Wirtschaftswissenschaftlichen Fakultät waren die Studentenunruhen bemerkbar. Es wurden Vorlesungen bestimmter Professoren gesprengt bzw. in politische Diskussionen umfunktioniert. Im Wintersemester 1969/70 wollte ich an der Vorlesung des Prof. Heinrich Fischer (Wirtschaftstheorie) teilnehmen, die durch eine studentische Gruppe gestört wurde. Fischer packte seine Sachen und verließ das Hörsaalgebäude. Die Fakultät sperrte daraufhin die Studenten für den Rest der Woche von allen Vorlesungen aus, d. h. die Professoren und Dozenten stellten ihre Lehrtätigkeit ein. An der Uni übt der Rektor das Hausrecht aus. Die damalige Rektoratsverfassung sah die Wahl des Rektors aus dem Kreis der hauptamtlichen Professoren mit einer Amtszeit von einem Jahr vor. Ein Ein-Jahr-Rektor war den Herausforderungen der Studentenunruhen schlichtweg nicht gewachsen. Deshalb fasste der Große Senat der Uni Tübingen den Beschluss, einen hauptamtlichen Präsidenten für 6 Jahre zu bestellen. Das Kultusministerium (später das Wissenschaftsministerium) stimmte der Änderung der Rektoratsverfassung zu. Zum ersten Präsidenten wurde Adolf Theis, vorher Leiter der Planungsabteilung im Bundeskanzleramt, bestellt. Schon 1970 verebbten die Studentenunruhen, sodass ich mein Studium ohne jegliche Ausfälle fortsetzen konnte. An der Uni Tübingen fühlte ich mich nicht als Außenseiter, sondern voll akzeptiert. Ich war jetzt »angekommen«.

Für den Studiengang für das Höhere Lehramt an Wirtschaftsgymnasien musste ich folgende Fächer belegen: Betriebswirtschaftslehre, Volkswirtschaftslehre, Industriebetriebslehre und Operations Research, Wirtschaftsmathematik und Mathematische Statistik. In Operations Research werden mit mathematischen Berechnungen Entscheidungsprozesse unterstützt. Aufgrund meines Engagements in den Übungen in Operations Research wurde Prof. Martin Schwengler auf mich aufmerksam. Er sprach mich an und bot mir die Stelle einer studentischen Hilfskraft an seinem Lehrstuhl an. Ich arbeitete ab dem Wintersemester 1969/70 20 Wochenstunden an dem genannten Lehrstuhl. Meine Aufgaben bestanden im Wesentlichen in der Anfertigung von Manuskripten für Schwenglers Vorlesungen und Übungen und dem Leiten von studentischen Übungsgruppen für Erstsemesterstudenten.

Für das Lehramtsstudium musste ich Vorlesungen und Übungen in Pädagogik absolvieren. Ich besuchte parallel zur Vorlesung des Prof. Flitner sein Seminar und übernahm ein Referatsthema. Als ich zur dritten Seminarveranstaltung das Hörsaalgebäude einige Minuten vor dem Termin betreten hatte, saß auf der Bank vor dem Seminarraum eine Studentin, die auf den Beginn des Seminars wartete. Kurz nach meinem Eintreffen erschien ein Wissenschaftlicher Mitarbeiter des Prof. Flitner und machte einen Anschlag an der Seminarraumtür, dass das Seminar an diesem Tag ausfiele. Beim Lesen des Anschlags kam ich mit der Studentin ins Gespräch und lud sie in die Mensa zu einer Cola ein. Sie erzählte mir, dass sie aus Kiel komme und nach zwei Semestern an der Universität Hamburg nach Tübingen gewechselt sei. Die Studentin studierte Anglistik und Kunstgeschichte. Sie verbrachte viele Nachmittage zum Selbststudium in der Bibliothek des Seminars für Kunstgeschichte. Als Schwerpunkt hatte Monika in Kunstgeschichte den Impressionismus gewählt.

Monika machte mich mit ihren Eltern bekannt, die sie hin und wieder in Tübingen besuchten. Diese luden mich in ihre Wohnung in Kiel ein, sodass wir mit dem Zug nach Kiel fuhren. Der Vater und Monikas` Mutter gaben mir die Anerkennung und Wertschätzung, die ich bei meinen Eltern nie erhalten hatte. Monikas` Vater anerkannte auch meine besondere Tatkraft bei meinem Bildungsaufstieg über den zweiten Bildungsweg. Die Eltern konnten mich gut leiden. Monika und ich bezogen eine Wohnung in Tübingen. Wir haben beim Standesamt Tübingen das Aufgebot bestellt und am 17. Juli 1970 beim Standesamt Tübingen geheiratet. Eine Hochzeitsreise fassten wir nicht ins Auge, weil uns hierfür das Kleingeld fehlte. Die kirchliche Trauung wollten wir nachholen, kamen dann aber nicht mehr dazu. Wir führten eine typische Studentenehe, denn wir beide steckten noch im Studium. Wir führten unsere Studien weiter. Monika hängte allerdings ihr Studium nach einigen Jahren an den Nagel. Sie bewarb sich zum Vorbereitungsdienst für den gehobenen Bibliotheksdienst in Baden-Württemberg an der Universitätsbibliothek Tübingen. Sie absolvierte eine zweijährige Ausbildung und erwarb den akademischen Grad Diplombibliothekarin an wissenschaftlichen Bibliotheken.

Ich empfand das Studium als ungeheures Privileg. Mein besonderes Interesse und Engagement galt den mathematischen Fächern: Wirtschaftsmathematik, Statistik, Operations Research und Ökonometrie. Ich erwarb bei dem Privatdozenten Dr. Kuhn einen Schein in Ökonometrie, obwohl dies meine Studienordnung nicht verlangte. Ich wollte dieses Fach weiter studieren, was aber wegen des Rufes des Privatdozenten Dr. Kuhn an die Universität Freiburg nicht möglich war. Ich war von der Mathematik richtiggehend fasziniert. Endlich konnte ich mich meinen intellektuellen Interessen widmen und deshalb empfand ich das Studium als Geschenk. Meine Hausarbeit hatte den Titel: »Anwendungsmöglichkeiten der parametrischen linearen Planungsrechnung auf betriebswirtschaftliche Probleme«. Ich bestand die Prüfung für das höhere Lehramt an Wirtschaftsgymnasien in Baden-Württemberg am 25. Oktober 1972 mit »sehr gut«. Prüfungsbehörde war das Kultusministerium in Stuttgart – Wissenschaftliches Prüfungsamt. Zu meinen Fächern gehörten: Hauptfach BWL mit Operations Research, Prof. Martin Schwengler: sehr gut, Pflichtnebenfach VWL, Prof. Heinrich Fischer: gut, Wahlnebenfach Wirtschaftsmathematik, Prof. Heinrich Strecker: sehr gut. Eigentlich hatte der Akademische Rat Dr. Walter Decker im Fach Wirtschaftsmathematik die Vorlesungen und die Übungen durchgeführt. Bei Dr. Decker handelte es sich um einen exzellenten Hochschullehrer in Mathematik. Dieser gehörte zum Lehrstuhl Heinrich Strecker und war nicht prüfungsberechtigt. Prüfungsberechtigt waren nur Uni-Professoren oder Privatdozenten. Bei der Wissenschaftlichen Prü-

fung für das Höhere Lehramt an Wirtschaftsgymnasien handelte es sich um die 1. Staatsprüfung. Mit dem Zeugnis wurde daher kein akademischer Grad verliehen.
In meiner Herkunftsfamilie fand ich für mein Studium an der Uni keinerlei Verständnis. Ich musste Frustrationstoleranz, Eigenmotivation, Zielstrebigkeit und Ausdauer mitbringen, um meinen Weg zu gehen. Meine Mutter hat nie akzeptiert, dass ich studiert habe. Ich habe daher meine Mutter immer seltener aufgesucht. Ich konnte die ständige Kritik an meinem Studium nicht mehr aushalten; meine Mutter sagte ständig: »Warum bist du bei der Stadt Stuttgart weggegangen? Du hättest doch auch dort Karriere gemacht.« Meine Rechtfertigung wollte sie nicht hören und schaltete gleich ab. Ich wollte mich nicht ständig rechtfertigen. Ich fühlte mich unverstanden. Ich konnte die stetig wiederkehrenden Sprüche einfach nicht mehr hören: »Wann bist du fertig? Was willst du mit einem Studium?« Der ständige Rechtfertigungsdruck stellte für mich eine große Belastung dar. Wie sollte meine einfach gestrickte Mutter erkennen, dass sie mich mit ihren Sprüchen nervte und verletzte? Noch 27 Jahre später, meine Mutter war 92 Jahre alt und im Altersheim, machte sie mir Vorwürfe. Sie wollte einfach nicht begreifen, dass ein junger Mensch nur mit einem Studium seine intellektuelle Begabung und sein Talent entfalten kann. Es machte mich richtig traurig. Bis heute schmerzt mich, dass meine Mutter mir während meines gesamten Lebens keine emotionale Unterstützung und Zuwendung gewährt hat.

Wissenschaftlicher Mitarbeiter

Nach Abschluss meines Studiums habe ich am neu eingerichteten Lehrstuhl für BWL, insbesondere Wirtschaftsprüfung und Betriebswirtschaftliche Steuerlehre (Prof. Dr. Gotthilf Langus), die Stelle eines wissenschaftlichen Mitarbeiters angetreten. Prof. Martin Schwengler hatte mich vermittelt. Mein Professor war am 15. April 1969 aus der FU Berlin ausgeschieden und hatte sich als selbstständiger Wirtschaftsprüfer und Steuerberater betätigt. Seine Praxis hatte er zugunsten seiner Professur in Tübingen aufgegeben.

Gotthilf Langus fing mit dem Vorlesungsbetrieb im Wintersemester 1972/73 an, also am 1. Oktober 1972. Warum hatte sich Schwengler für die Berufung des Langus so stark gemacht? Schwengler und Langus waren beide früher an der FU Berlin tätig gewesen. Schwengler hatte am gleichen Lehrstuhl wie Langus als wissenschaftlicher Mitarbeiter gearbeitet. Die Kette der Professoren aus Berlin an der Wirtschaftswissenschaftlichen Fakultät der Uni Tübingen war noch länger:
Im Jahre 1959 war Alois Schulze von der FU Berlin berufen worden und bekleidete an der Uni einen Lehrstuhl für Finanzwissenschaft. Schulze war ein exzellenter Netzwerker: Er war CDU-Mitglied und Mitglied im Lions-Club. Im Jahre 1969 wurde Martin Schwengler auf den Lehrstuhl BWL III, insbesondere Industriebetriebslehre und Operations Research, berufen.
Mein Professor Gotthilf Langus war 52 Jahre alt. Er war

Lionsclub-Mitglied und trat nach seiner Berufung in die CDU ein. Alle drei Professoren waren aus der Schule des Prof. Ottfried Breitling, FU Berlin, hervorgegangen und hatten bei diesem habilitiert. Ottfried Breitling war Weltmeister in der Zahl der habilitierten Wissenschaftlichen Mitarbeiter. Da Gotthilf Langus nach Abschluss meines Studiums mit seinem Lehrbetrieb anfing, kannte ich ihn aus dem Studium nicht. Er verstand es, sich zu präsentieren, spürte, wann er den Bedauernswerten, wann er den Kotzbrocken herauskehren musste. Ich vertraute meinem akademischen Hauptlehrer Martin Schwengler. Adolf Jäger, mein ehemaliger Kollege als wissenschaftlicher Mitarbeiter am Lehrstuhl Langus und inzwischen Referent im Kultusministerium, hat mir 1977 erzählt, dass ihn Schwengler vor seinem Übertritt zum Lehrstuhl Langus vorgewarnt habe: »Sie müssen bei Prof. Langus mit außergewöhnlichen Handlungen rechnen.« Mich hatte Schwengler hierüber nicht informiert!
Ich fing am Lehrstuhl meines Professors am 1. November 1972 an und übernahm das Fachgebiet Allgemeine BWL, außerdem war ich für die Verwaltungsangelegenheiten des Lehrstuhls zuständig. Mein Professor gab mir zunächst einen befristeten Zeitvertrag vom 1. November 1972 bis 31. März 1973. Uwe Kamenz und Martin Wehrle haben herausgefunden, dass in keinem Industrieland der Graben zwischen Professoren und wissenschaftlichem Nachwuchs so tief ist wie in Deutschland (Uwe Kamenz und Martin Wehrle: Professor Untat. Was faul ist hinter den Hochschulkulissen. 2007, Seite 150). Professor Langus startete seinen Vorlesungsbetrieb mit BWL I. Ich war Vorlesungsassistent,

begleitete ihn in die Vorlesung. Er ließ sich von mir Fälle aus der amerikanischen Managementliteratur übersetzen, die er durchsprach. Er war ein Anhänger der Fallmethode. Mein Professor hat die Vorlesungen in Wirtschaftsprüfung und Betriebswirtschaftliche Steuerlehre von Anfang an nicht gehalten, sondern dies an den Wirtschaftsprüfer Dr. Stehle, Stuttgart, delegiert. Nach § 43 Hochschulrahmengesetz muss ein Hochschullehrer die Lehrveranstaltungen in seinem Fachgebiet durchführen. Dieses Defizit durfte eigentlich die Professorenschaft nicht akzeptieren, ebenso wenig das Kultusministerium.

Allerdings habe ich die Umstände der Berufung meines Professors in Tübingen erst später in Erfahrung gebracht. Nach meinem Promotionsverfahren habe ich recherchiert, dass die Stelle meines Professors entgegen der eindeutigen Vorgaben (Art. 33 Abs. 2 GG, Landesverfassung Baden-Württemberg, Hochschulrahmengesetz, Hochschulgesetz Baden-Württemberg, Landesbeamtengesetz) nicht ausgeschrieben worden war. Er kam also auf seine Stelle durch Seilschaft, CDU-Filz und Ämterpatronage. Die Berufung war ein Akt extremer CDU-Korruption. Heute weiß ich, dass man Professor nicht durch Können in Forschung und Lehre wird, sondern dass Seilschaft, Parteifilz und Ämterpatronage eine entscheidende Rolle spielen und dass die Professoren selbst entscheiden, wer in ihre Reihen aufgenommen wird. Dieses Selbstergänzungsrecht gibt es sonst nirgends in Wirtschaft und Verwaltung. Dadurch sind Professoren anfällig für Machtmissbrauch und Korruption und ist der Lehr- und Forschungsehrgeiz vieler Professoren sehr

gering ausgeprägt. Schuld an den Missständen (z. B. ausufernde Nebentätigkeiten) sind ihre Überprivilegierung und die fehlende Kontrolle im System. Manche nehmen eine »geschenkte Position« ein. Obwohl sie regelmäßig Lebenszeitbeamte sind, führen sie sich wie freie Mitarbeiter auf.
Bei meinem Vorstellungsgespräch kannte ich aber die Hintergründe und Abgründe der Berufung von Professoren nicht. Ich bemerkte nur unsere Übereinstimmung im Lebenslauf – er war wie ich über den zweiten Bildungsweg zur Universität gekommen – und in der Vorliebe für Höhere Mathematik und Mathematische Statistik. Ich traute mir auch zu, mich in die Betriebswirtschaftliche Steuerlehre und Wirtschaftsprüfung einzuarbeiten, denn ich verfügte aufgrund meiner Ausbildung für den gehobenen Verwaltungsdienst in Baden-Württemberg – ich führe den Grad eines Diplom-Verwaltungswirts – über umfangreiche Kenntnisse des allgemeinen Steuerrechts, der kommunalen und der Landessteuern. Steuerrecht war dort eines der Hauptgebiete gewesen.
Mein Professor brachte aus Berlin seinen früheren Mitarbeiter, Diplomkaufmann Hans Dieter Raub, mit, der in seiner Praxis vor über einem Jahrzehnt als vereidigter Buchprüfer eine Lehrzeit absolviert und ihn auf diversen beruflichen Stationen begleitet hatte. Langus war auch sein akademischer Hauptlehrer an der FU Berlin gewesen. Die Studenten bezeichneten das Verhältnis zwischen den beiden als »Vater-Sohn-Verhältnis«. Leider habe ich mir über diese Charakterisierung und über die Auswirkungen eines derartigen Beziehungsverhältnisses damals keine Gedanken gemacht.

Ich habe auch erst später erfahren, dass Raub oftmals am Sonntag bei Familie Langus zum Mittagessen eingeladen war. Raub war am Lehrstuhl für Wirtschaftsprüfung zuständig. Da mein Professor auf diesem Gebiet keine Vorlesung hielt und auch kaum Diplomarbeiten anfielen, hatte Raub eigentlich nichts zu tun. Er war faktisch von der Lehrstuhlarbeit zum Promovieren freigestellt, was bei ihm dazu führte, dass er vier Jahre nach einem Dissertationsthema suchte. Raub kannte die Interna meines Professors. Ich machte mir hierüber keine Gedanken, auch nicht darüber, dass zwischen Langus' Berufung und dem anschließenden Eintritt in die CDU ein Zusammenhang bestand.
Nach Ablauf des ersten Zeitvertrags erhielt ich vom 1. April 1973 bis 31. Oktober 1974 den zweiten Zeitvertrag. Zum 1. April 1973 stellte mein Professor als wissenschaftliche Hilfskraft Rudolf Neidhart ein, dem aber aufgrund seiner Examensnote befriedigend die Promotionsberechtigung fehlte. Dieser hatte nur die Aufgabe, Lehrbücher der mathematischen Statistik durchzuarbeiten und wöchentlich zwei Stunden Teile daraus vorzutragen. Am Lehrstuhl bestand ein gutes Betriebsklima, sowohl zwischen meinem Professor und seinen Wissenschaftlichen Mitarbeitern als auch zwischen den Wissenschaftlichen Mitarbeitern untereinander. Letztere pflegten sogar private Kontakte in unterschiedlicher Intensität.
Nach dem Ausscheiden des inzwischen promovierten Adolf Jäger, für dessen Dissertation ich das Gutachten geschrieben und die Note »magna cum laude« vorgeschlagen hatte, erhielt Rudolf Neidhart, Diplomvolkswirt, einen Anstel-

lungsvertrag als Wissenschaftlicher Mitarbeiter. Dies verstieß gegen die Regeln der Universität, da Neidhart nicht promovieren durfte, denn bei den Stellen der Wissenschaftlichen Mitarbeiter handelte es sich um Qualifikationsstellen. Ich wechselte zum 1. Oktober 1974 mein Fachgebiet und übernahm von dem ausgeschiedenen Kollegen Adolf Jäger die Betriebswirtschaftliche Steuerlehre. Nach Ablauf meines zweiten Zeitvertrags am 31. Oktober 1974 erhielt ich den dritten Zeitvertrag mit der Laufzeit vom 1. November 1974 bis 31. Dezember 1976. Ich hoffte, bis zu diesem Zeitpunkt meine Promotion abschließen zu können.
Ich bin zum 31. Dezember 1976 mit dem dritten Zeitvertrag aus dem Lehrstuhl ausgeschieden. Dass ich auf einer Beamtenstelle geführt wurde, hatte ich erst nach Abschluss meines Promotionsverfahrens in Erfahrung gebracht. Die Beamtenstelle (Stelle eines Akademischen Rats für die Ausbildung der Studierenden im Grundstudium) gehörte zum Fachbereich und deshalb hatten die Kollegen meines Professors ein Wörtchen mitzureden. Sie waren zunächst mit der Zuweisung zu Raub nicht einverstanden. Erst als Langus damit drohte, dass er in den Ruhestand eintrete, stimmte die Professorenschaft der Zuweisung der Beamtenstelle an Hans Dieter Raub zu. Die Zurruhesetzung des Langus hätte zwar im Leistungsprogramm der Fakultät keine Lücke aufgerissen, aber die Professorenschaft wollte diese Blamage ihrer Berufungspolitik nach 4 Jahren voller Skandale und Turbulenzen nicht öffentlich machen. Somit wurde Raub erst im März 1977 in die Akademische Ratsstelle eingewiesen, ohne zum Akademischen Rat ernannt zu werden. Raub

hatte nach drei Jahren noch kein Dissertationsthema gefunden, sodass abzusehen war, dass er in der höchstzulässigen Anstellungszeit eines Wissenschaftlichen Mitarbeiters von fünf Jahren die Promotion nicht abschließen konnte. Verhängnisvoll für mich war auch der Umstand, dass ich auf einer Beamtenstelle geführt wurde, um die an der Universität »mit harten Bandagen« gekämpft wurde, denn die Beamtenstelle bot die Möglichkeit, die Fünfjahresfrist zu überschreiten. Raub ist nach zehn Jahren aus der Uni ausgeschieden und hat nach elf Jahren promoviert. Mein Professor hatte ihm die größtmögliche Förderung gewährt und wollte ihn für die Uni-Laufbahn befähigen. Dass Raub ein unwissenschaftlicher Typ war und seine Befähigung auf ganz anderen Gebieten lag, hatte er ignoriert.

Durch mein Promotionsverfahren (siehe folgender Abschnitt) war mein Verhältnis zu meinem Professor und Doktorvater gestört. Deshalb hat mich die Personalabteilung der Uni Tübingen zum Planungsamt der Zentralen Verwaltung versetzt. Ich leitete das Projekt Reorganisation der besoldungsrechtlichen Arbeitsabläufe in der Personalabteilung. Für die Durchführung des Projekts habe ich die Arbeitsabläufe bei der Besoldungsstelle analysiert und einen Vorschlag zur Reorganisation ausgearbeitet. Nach 6 Monaten bin ich ausgeschieden. Der Projektvorschlag wurde nach meinem Ausscheiden umgesetzt. Es war wohl kein Zufall, dass ich mit einem Projekt über besoldungsrechtliche Abläufe betraut wurde. Welche Verbindung bestand zwischen dem Personalamt der Stadt Stuttgart und der Universität? Möglicherweise war der Verbindungsmann Direktor

Thurn. Dieser hatte als Dozent an der Staatlichen Verwaltungsschule Stuttgart das Fach Gemeindewirtschaftsrecht unterrichtet. Er hatte vermutlich etwas gegen soziale Aufsteiger, denn er hatte in der Prüfung zum Diplom-Verwaltungswirt meine Note in Gemeindewirtschaftsrecht herabgesetzt. Er war Lehrbeauftragter an der Wirtschaftswissenschaftlichen Fakultät der Uni Tübingen und hat später den Titel Professor verliehen bekommen. Hatte Thurn bei dem mir gegebenen Projekt zur Reorganisation der Besoldungsstelle seine Hände im Spiel? Fest steht, dass soziale Aufsteiger ihr Leben lang unter intensiver Beobachtung der anderen stehen.

Promotion

Nach meinem Dienstantritt bei meinem Professor und Doktorvater besprach ich mit ihm mein Dissertationsthema. Ich hoffte durch die Nähe zum Betreuer, dass er mich in meinem Promotionsvorhaben fördert, mich aber auch fachlich unterweist. Ich vereinbarte folgendes Arbeitsthema: Entwicklung von Differenzengleichungsmodellen für betriebswirtschaftliche Probleme. Zu diesem Zweck händigte er mir das Buch Goldberg, S., Differenzengleichungen und ihre Anwendung in Wirtschaftswissenschaft, Psychologie und Soziologie, Wien und München 1968, aus. Mit der Anwendung der Differenzengleichungen auf betriebswirtschaftliche Fragestellungen hatte sich noch kein Wissenschaftler befasst. Lediglich zur Anwendung der Differenzengleichungen in der

Volkswirtschaftslehre lag schon eine wissenschaftliche Arbeit vor. Auch mein Professor war an diese Materie bisher nicht herangegangen.
Nach meinem Dienstantritt arbeitete ich am Wochenende und abends an meiner Dissertation. Ich setzte mir das Ziel, sie nach etwa drei Jahren abzuliefern. Da Professor Langus mir bei der Anregung zur Neuentwicklung der Differenzengleichungsmodelle in der BWL ein mathematisches Spezialwerk ausgehändigt hatte, wollte ich darauf aufbauen. Die Differenzengleichungen hatte Akademischer Rat Dr. Walter Decker in meinem Wahlfach Wirtschaftsmathematik behandelt; sie waren mir daher bekannt. Mein Professor wollte zur Inflation der Doktorgrade keinen Beitrag leisten, deshalb promovierte er (mit einer Ausnahme) nur seine Wissenschaftlichen Mitarbeiter. Sein Engagement im Doktorandenverhältnis war äußerst gering. Er wollte, dass seine Doktoranden während der Bearbeitungszeit wie U-Boote auf Tauchstation gingen und erst auftauchten, wenn sie die Arbeit fertig gestellt hatten. Er wies dann die Doktoranden an, die fertige Arbeit sofort formell beim Dekanat einzureichen und ihm ein Mehrexemplar der Doktorarbeit auszuhändigen. Dieses Mehrexemplar gab er – ohne einen Blick in die Arbeit zu werfen – an einen seiner Wissenschaftlichen Mitarbeiter weiter mit dem Auftrag, den Entwurf des Gutachtens mit Notenvorschlag anzufertigen. Diesen Entwurf unterschrieb er regelmäßig nach kleineren sachlichen und stilistischen Änderungen. Auch ich musste – wie schon ausgeführt – während meiner Zeit als Wissenschaftlicher Mitarbeiter in Langus' Auftrag ein Gutachten mit Notenvorschlag

für meinen ausscheidenden Assistenten-Kollegen Adolf Jäger erarbeiten. Da am Lehrstuhl zwischen meinen Kollegen Adolf Jäger, Hans Dieter Raub, Rudolf Neidhart und mir ein gutes Betriebsklima bestand, hatte ich keinen Grund, diese Begutachtungspraxis kritisch zu hinterfragen. Schließlich war Langus für mich eine Respektsperson, da er nicht nur Professor, sondern auch Wirtschaftsprüfer und Steuerberater war. Ich schrieb Langus Begutachtungspraxis seinem Desinteresse und seiner Faulheit, seiner Laisser-faire-Haltung zu.

Als ich meine Doktorarbeit nach drei Jahren neben meiner Tätigkeit als Wissenschaftlicher Mitarbeiter in Lehre und Zuarbeit zu meinem Professor fertiggestellt hatte, bat ich ihn, sie vor meiner formellen Einreichung beim Dekanat durchzusehen. Ich wusste, dass dies an der Wirtschaftswissenschaftlichen Fakultät üblich war. Bei meinem Professor jedoch nicht, und so forderte er mich auf, die Arbeit sofort (am 9. Oktober 1975) beim Dekanat einzureichen und ihm ein Mehrexemplar auszuhändigen. Für die Entscheidung über die Bestellung der Gutachter war der Dekan zuständig (§ 2 Abs. 2 der damals gültigen Promotionsordnung). Der Dekan bestellte zum Erstgutachter meinen Doktorvater und zum Zweitgutachter Prof. Dr. Martin Schwengler. Nach der Einreichung meiner Dissertation beim Dekanat habe ich ein Mehrexemplar meinem Doktorvater und Chef ausgehändigt. Mein Professor hatte mit mir das Thema abgesprochen, aber meine Dissertation keine Sekunde betreut; er übertrug die Begutachtung einschließlich Notenvorschlag auf den Assistentenkollegen Diplomvolkswirt Rudolf Neidhart. Damit nahm das Promotionsdrama seinen Lauf, denn die CDU-Mehrheit im Landtag von Baden-Württemberg in Stuttgart hatte im Oktober 1975 beschlossen, dass an den Universitäten im Land Stellen Wissenschaftlicher Angestellter zum 31. Dezember 1976 gestrichen werden und von dieser Stellenwegfallaktion war am Lehrstuhl der Mitassistent Hans Dieter Raub betroffen. Seine Uni-Existenz war daher bis zum Ende des Jahres 1976 befristet. Jetzt hatte mein Professor, Doktorvater und Chef ein Problem. Er hatte diesen Mitassistenten bei seiner Berufung aus Berlin mitgebracht, er war sein Lieblingsassistent. Da ich gerade meine Dissertation eingereicht hatte, sah mein Professor »eine elegante Lösung« für sein Stellenproblem darin, dass er gegen mich im Begutachtungsverfahren am Lehrstuhl mit Tatsachenverdrehungen und persönlichen Angriffen durch den Mitassistenten Rudolf Neidhart, der mit der Erarbeitung des Gutachtens beauftragt war, einen Mobbing- und Bossing-Prozess in Gang setzte. Neidhart hatte keine Promotionsberechtigung und hatte auch bei der Begutachtung einer anderen Dissertation seine Voreingenommenheit gegenüber Dissertationen zum Ausdruck gebracht. Mein Professor wollte damit erreichen, dass ich wutentbrannt meinen Job und meine Promotion hinwarf. Er hatte sich aber in meiner Leidensfähigkeit geirrt, da ich standhielt. Der zweite Mobbinggrund war, dass ich auf einer Beamtenstelle geführt wurde. Mein Professor wollte diese Stelle sofort für Hans Dieter Raub sichern. Solche Beamtenstellen sind an den Unis sehr begehrt: Nach der Aussage des damaligen Abteilungsleiters für Haushaltsangelegenheiten in der Uni-Verwaltung wurde an der Uni um solche Stellen »mit harten Bandagen gekämpft«. Auch waren diese Stellen von der Stellenstreichungsaktion ausgenommen. Bedauerlicherweise hat mein Professor Langus die Stellenstreichung – obwohl ich für die Verwaltungsgeschäfte des Lehrstuhls zuständig war – mir gegenüber geheim gehalten. Ich machte mir daher in schlaflosen Nächten Gedanken, warum mein Professor – mit dem ich mich immer gut verstanden hatte – meine Dissertation kaputt machen wollte.

Mein Professor hat aus der Begutachtung meiner Dissertation einen Mobbing- und Bossing-Prozess gemacht. Er unterwarf mich einem beispiellosen und kräftezehrenden Psychoterror, da er mich mit Hilfe seiner verlogenen Behauptung, die von mir entwickelten Differenzengleichungsmodelle seien mathematisch falsch und betriebswirtschaftlich nicht interpretierbar, fertig machen und zur Aufgabe zwingen wollte. Langus verletzte vorsätzlich seine Dienstpflichten. Er qualifizierte am 8. März 1976 meine Dissertation mit der oben angegebenen unsubstantiierten Begründung ab und gab mir die Note »rite«. Diese Begründung war vorsätzlich verlogen. Das Gutachten enthält ansonsten keine Kritik an meiner Promotionsleistung; mein Professor und Doktorvater hatte vergessen, meine Promotionsleistung zu bewerten.

Meine Beschwerde beim Zweitgutachter Prof. Dr. Martin Schwengler war wirkungslos. Allerdings stellte mir seinerzeit der Zweitgutachter folgende Frage: »Haben Sie wegen eines kw-Vermerks an Ihrer Planstelle (kw = künftig wegfallend) Ihre Dissertation überhastet abgeschlossen?« Bedauerlicherweise habe ich die Frage ohne nachzudenken verneint und mir damals keine weiteren Gedanken gemacht. Denn nach Abschluss meines Promotionsverfahrens konnte ich aufdecken, dass die Planstelle des Mitassistenten Hans Dieter Raub ein solcher Vermerk zierte. Allerdings hätte mir die Aufklärung des kw-Vermerks an der Planstelle Hans Dieter Raub wenig gebracht, da ja mit der Doktorvater-Note »rite« die Ausgangslage schon versaut war. Meine Beschwerde beim Dekan, Prof. Dr. Karl Bogner, nahm dieser mit Verständnis zur Kenntnis. Prof. Bogner: »Ich verspreche Ihnen, dass Sie nicht unter »cum laude« die Promotion bestehen.« Dass dem amtierenden Dekan (ein Dekan bekleidete damals sein Amt immer nur für ein Jahr) trotz seines Engagements und seines Pflichtbewusstseins die Macht, eine Neubegutachtung der Differenzengleichungen zu veranlassen, fehlte, hängt schlichtweg mit der Fehlorganisation der Universität zusammen. Dabei muss man berücksichtigen, dass ein aus der Mitte der Professoren der Fakultät gewählter Dekan konfliktträchtigen Entscheidungen in der Regel aus dem Weg geht, da er mit Revanchehandlungen rechnen muss. Aber Prof. Bogner wollte das offenkundige Unrecht meines Professors nicht akzeptieren. Diese Fehlorganisation – die auf das Konto der damaligen CDU-geführten Landesregierung und des CDU-Wissenschaftsministers in Stuttgart geht – stärkt die Machtstellung der Professorenschaft, schwächt aber die Führung und Kontrolle der Fakultäten und der Universitäten. Damit wurde es den Professoren leicht gemacht, ihre Macht und Unabhängigkeit als Prüfer zu missbrauchen.

Ich hatte mich auch bei den beiden anderen Prüfern im Rigorosum (Prof. Heinrich Strecker und Prof. Heinrich Fischer) beschwert. Ich wusste, dass das Promotionsrecht faktisch bei den Fakultäten liegt, aber die Promotionskommission für die Durchführung des Promotionsverfahrens die Verantwortung trägt. Ich hatte bei dem zum Lehrstuhl Strecker gehörenden damaligen Akademischen Rat Dr. Decker, inzwischen Professor an der Universität Stuttgart-Hohenheim, Wirtschaftsmathematik studiert und zu seinen Schwerpunktbereichen zählten die Differenzengleichungen. Ich war bei ihm Examensbester gewesen. Da Dr. Decker als Akademischer Rat nicht prüfen durfte, hatte mich in Wirtschaftsmathematik Prof. Strecker geprüft. Deshalb war ich der Meinung, dass Prof. Strecker nicht akzeptieren durfte, dass mir mit Lügen und purer Tatsachenverdrehung die Unfähigkeit in Mathematik bescheinigt wurde. Prof. Strecker führte ein Gespräch mit meinem Professor, der ihm versprach, dass jetzt alles in Ordnung käme. Aber mein Professor hielt sich nicht an sein Versprechen.
Daraufhin wollte ich einen Gesprächstermin beim Universitätspräsidenten Adolf Theis. Ich war der Meinung, dass in meinem Promotionsfall der Universitätspräsident rechtsaufsichtlich einschreiten musste: Erstens gehört es zu den Pflichten des Arbeitgebers nach § 75 Abs. 2 Betriebsverfassungsgesetz, »die freie Entfaltung der Persönlichkeit der im Betrieb beschäftigten Arbeitnehmer zu schützen und zu fördern«, zweitens übt der Universitätspräsident über das rechtmäßige Handeln der Fakultäten die Rechtskontrolle aus. Da ich beim Land Baden-Württemberg angestellt war,

war der Universitätspräsident mein Dienstvorgesetzter. Die Vorzimmerdame verwies mich an das Rechtsamt. Ich wandte mich mit meiner Beschwerde an den Regierungsrat Dr. Richard Dewes. Ich verlangte, dass der Präsident Adolf Theis seine Stellung als Dienstvorgesetzter der Wissenschaftlichen Mitarbeiter und obere Dienstaufsichtsbehörde wahrnimmt und über den Dekan eine Überprüfung meines Promotionsverfahrens verlangt. Regierungsrat Dr. Dewes machte mir aber keine Hoffnung, dass sich der Präsident einschaltet. Ich konterte zwar die Begründung des Beamten, dass Träger des Promotionsrechts die Fakultät sei, mit dem Hinweis, dass nach dem Hochschulgesetz Träger des Promotionsrechts die Universität ist, aber auch diese Richtigstellung bewirkte keinen Meinungsumschwung zu meinen Gunsten. Sogar meinen Hinweis, dass der Universitätspräsident verpflichtet sei, bei rechtswidrigen Handlungen der Fakultät tätig zu werden, nahm der Regierungsrat gleichgültig zur Kenntnis. Es zeigte sich wieder einmal, dass an der Universität die Professoren an Gesetz und Recht nicht gebunden sind und keine Aufsichtsbehörde, kein Ministerium und kein Parlament die Einhaltung der Gesetze überwacht und durchsetzt. Die Zentrale Verwaltung interessierte nicht, ob eine Doktorarbeit mit vorsätzlichen Bewertungs- und Notenlügen abqualifiziert wurde. Das Desinteresse der Zentralen Verwaltung an der Dienstleistungsproduktion in einer Fakultät enthüllte die Universität als eine Einrichtung, in der die Professoren tun und lassen können, was sie wollen. Ich erkannte, dass die universitätsinterne Kontrolle durch den Präsidenten und seine Stellung als Dienstvorgesetzter inhaltsleer waren und nur auf dem Papier standen. In Wirklichkeit waren der Uni-Präsident und die Zentrale Verwaltung machtlos.

Erst nach Festlegung der Gesamtnote »cum laude« am 29. Juni 1976 durch die Promotionskommission brachte ich die mir gegenüber geheim gehaltenen Mobbing- und Bossing-Motive (Stellenstreichung der Planstelle des Mitassistenten Hans Dieter Raub und Zuweisung der Beamtenstelle an ihn) in Erfahrung: Ich erkannte, dass die Akademische Ratsstelle (Beamtenstelle), auf der ich geführt wurde, mir zum Verhängnis geworden war.

Der Dekan und die übrigen Mitglieder der Promotionskommission sahen in der Gesamtnote »cum laude« eine Glanzleistung, nachdem doch meine Promotion mit der Erstgutachternote »rite« als Leitnote auf »durchfallen« gestellt gewesen war. Dabei war den Professoren bekannt, dass es sich bei der Erstgutachternote »rite« um keine richtige Note handelt (so der Zweitgutachter Professor Schwengler). Denn in eine Promotionsleistung geht auch die Betreuung durch den Doktorvater ein, die aber in meinem Fall nicht stattgefunden hat. Diese Note lag so weit außerhalb des normalen Notenbereichs, dass die Bewertung unter keinen erdenklichen wissenschaftlichen und/oder pädagogischen Gesichtspunkten gerechtfertigt sein konnte. Die Gesamtnote war wie die Erstgutachternote und die Zweitgutachternote willkürlich zustande gekommen. Ich war mit den beiden Gutachternoten stigmatisiert, mit der Gesamtnote disqualifiziert. Dabei wiesen die von mir neu entwickelten Differenzengleichungsmodelle höchsten mathematischen

Schwierigkeitsgrad auf. Zudem hatte ich meine Dissertation völlig selbstständig, ohne die Betreuung durch Langus fertig gestellt. Meine Arbeit entsprach daher nach Wissenschaftlichkeit und Eigenständigkeit dem wissenschaftlichen Anforderungsniveau.

Der Zweitgutachter Martin Schwengler hat sich mit meinem Doktorvater öffentlich solidarisiert. Deshalb produzierte sich Schwengler in der Fachbereichskonferenz (FBK) am 15. Dezember 1976 wie folgt: »Dies ist die schlechteste Dissertation, die jemals an diesem Fachbereich eingereicht wurde.« Obwohl er wusste, dass Langus unzuverlässig und unberechenbar war und zu »außergewöhnlichen Handlungen« neigte, hatte er mir durch seine Attacke in einer öffentlichen Sitzung der Fachbereichskonferenz (Fakultätsrat) die Schuld für die unmöglichen Benotungen in die Schuhe geschoben.

Bei dieser verleumderischen Äußerung handelte es sich um eine gezielte Herabwürdigung und Verächtlichmachung meiner Person in Gegenwart aller Professoren, der Vertreter des Mittelbaus und der studentischen Vertreter. Mit seiner abträglichen und beleidigenden Äußerung in der Fachbereichskonferenz wider besseres Wissen hatte er öffentlich seine Befangenheit bekundet. Die Äußerung des Schwengler verstößt gegen § 187 StGB. Schwengler hatte mich mit seiner gemeinen Attacke in der FBK am 15. Dezember 1976 endgültig aus der Fakultät ausgestoßen. Er hat auch die letzten »gutgesinnten« Professoren dazu gebracht, mich ins Abseits zu schieben. Die übrigen Professoren behandelten mich jetzt wie einen Aussätzigen; ich war zur persona non grata abgestempelt worden. Der Angriff in der Fachbereichskonferenz löste in mir ein zusätzliches Trauma aus, eine starke seelische Erschütterung. Ich lag zwar schon auf dem Boden, war bis auf die Knochen verunsichert. Aber diese Attacke gab meiner Selbstachtung und meinem Selbstwertgefühl den Todesstoß, sodass ich mich wie der letzte Dreck fühlte. Bei der Berufung des Langus waren alle Vorschriften außer Kraft gesetzt worden und Schwengler war damals Dekan der Fakultät. Langus fehlte eigentlich die Qualifikation in Forschung und Lehre. Wie korrupt war damals die CDU, die nicht nur für die Berufung des Langus, sondern auch für mein verfassungswidriges Promotionsverfahren verantwortlich ist.

Die Äußerung stellt den absoluten Höhepunkt einer Bossing- und Mobbingkampagne dar, unter der ich noch heute leide. Nicht nur die Kehrtwendung meines Professors und Doktorvaters in meinem Promotionsverfahren, sondern auch die Kehrtwendung, öffentliche Demütigung und Verächtlichmachung durch Martin Schwengler und die Machtlosigkeit der Professorenschaft in meinem Promotionsverfahren waren die größten Enttäuschungen in meinem Leben. Ich bin darüber heute noch nicht hinweggekommen, grüble, wie Hochschullehrer so die wissenschaftliche Wahrheit und ihren wissenschaftlichen Ethos verraten können.

Nach meinem Ausscheiden aus dem Lehrstuhl Gotthilf Langus durch Ablauf des dritten Zeitvertrags Ende 1976 war mein Promotionsverfahren noch nicht abgeschlossen. Ich musste noch die Pflichtexemplare abliefern und die Doktorurkunde in Empfang nehmen. Ich hatte schon zu Beginn meiner Tätigkeit am Fachbereich Wirtschaftswissenschaften den Entschluss gefasst, die Uni nicht vor Aushändigung der Doktorurkunde zu verlassen. Im März 1977 hat mir der jetzige Prodekan Karl Bogner – Dekan während meines Promotionsverfahrens (Amtszeit 1. Oktober 1975 – 30. September 1976) – die Doktorurkunde mit den Worten ausgehändigt: »Wir haben unser Möglichstes für Sie getan. Mehr können wir nicht für Sie tun. Man muss im Leben auch einmal Unrecht verkraften.« Nach einer kurzen Pause gab er mir noch eine Warnung mit auf meinen künftigen Lebensweg: »Sie müssen künftig den langen Arm des Professor Langus fürchten.« Prof. Bogner konnte nicht einschätzen, dass das unvorstellbar verlogene und seelisch belastende Promotionsverfahren mein Leben und das Leben meiner Frau zerstört und unsere Ehe ruiniert hat, ich unter den Spätfolgen dieser Mobbingmachenschaften und dieses Unrechts heute noch leide. Ich musste Wut, Trauer, Schmerz und Ohnmacht in mich hineinfressen und in meiner Seele vergraben. Mein Professor und Prof. Schwengler haben auch meine wissenschaftliche Laufbahn zerstört. Ich war vom Vorzeigestudenten und Besten meines Prüfungsjahrgangs sowie geachteten Wissenschaftlichen Mitarbeiter durch das von der CDU-Mehrheitsfraktion geschaffene Uni-Existenzproblem des Wissenschaftlichen Mitarbeiters Hans Dieter Raub und den korrupten Akt meines Professors zum größten Versager und zur persona non grata an der Uni und in der Wissenschaft erklärt worden. Eine Promotion, die normalerweise zum Aufstieg führt, hatte meinen Absturz herbeigeführt. Als in der Tageszeitung der Vorsitzende des Petitions-

ausschusses des Landtags in Stuttgart, Wilhelm Buggle, CDU, zu einem »Tag der offenen Tür« in Villingen-Schwenningen eingeladen hatte, nahm ich diesen Termin wahr. Ich skizzierte Herrn Buggle kurz den Ablauf meines Promotionsverfahrens, die unrühmliche Rolle der Stellenstreichung durch seine Fraktion im Landtag und die Falschbenotung. Herr Buggle hörte mir aufmerksam zu, dann meinte er: »Wenn die Öffentlichkeit wüsste, was für Schweinereien an den Universitäten passieren, würde sie jedes Vertrauen in diese Einrichtungen verlieren.« Herr Buggle war sehr engagiert, konnte aber nichts bewirken.
Ich habe den Rechtsweg bis zum Bundesverwaltungsgericht ausgeschöpft. Mit der Vertretung meiner Interessen hatte ich Prof. Diehl, Stuttgart, beauftragt. Als ich ihn in einem ersten Gespräch konsultierte, machte er wie aus der Pistole geschossen, folgende Äußerung: »Bei diesem Fachbereich überrascht mich überhaupt nichts.« Prof. Diehl hatte während meiner Uni-Zeit als Wissenschaftlicher Mitarbeiter am Fachbereich Rechtswissenschaft gearbeitet. In dieser Funktion hatte er mitbekommen, dass der Fachbereich Wirtschaftswissenschaften mit vielen Prüfungsprozessen die Verwaltungsgerichte beschäftigte. Ich habe beim Verwaltungsgerichtshof Baden-Württemberg und beim Bundesverwaltungsgericht die Prozesse verloren, weil das Bundesverwaltungsgericht im Jahre 1959 den Rechtssatz aufgestellt hatte: »Ein Prüfer darf Richtiges als falsch bewerten, ohne dass gerichtliche Kontrolle zulässig ist.« (Entscheidungssammlung des Bundesverwaltungsgerichts, Band 8 Bl. 272). Gesetze und Gerichtsentscheidungen, die Gerechtig-

keit nicht einmal anstreben und die weltweiten Rechtsüberzeugungen grob verletzen, schaffen kein Recht. Zu den weltweiten Rechtsüberzeugungen gehört aber, dass Richtiges als richtig und Falsches als falsch beurteilt wird. Nachdem ein durch das Verwaltungsgericht Sigmaringen eingeholtes Sachverständigengutachten die mathematische Richtigkeit der von mir entwickelten mathematischen Modelle bestätigt hat, handelte es sich bei den Beschlüssen des Verwaltungsgerichtshofs in Mannheim und des Bundesverwaltungsgerichts um Unrechtsentscheidungen. Wo bleibt das Rechtsstaatsversprechen des Art. 20 Grundgesetz? Diesen Rechtssatz hat das Bundesverfassungsgericht im Jahre 1991 unter dem Vorsitz des Präsidenten Roman Herzog endlich für nichtig erklärt (Entscheidungssammlung des Bundesverfassungsgerichts, Band 84 Bl. 34). Das Bundesverfassungsgericht hat den Professoren vorgeworfen, dass sie aus Faulheit und Bequemlichkeit Beurteilungen und Benotungen nicht überprüfen wollten. Die Fälle in den Jahren bis 1991 haben eben Pech gehabt; so einfach macht es sich unser Staat. Mir wurde die wissenschaftliche Qualifikation wahrheitswidrig aberkannt. Auslöser meines Promotionsdramas war zwar die Streichung der Planstelle des Mitassistenten Hans Dieter Raub durch die CDU-Mehrheitsfraktion im Landtag in Stuttgart. Dass ich die Uni mit zwei blauen Augen verlassen konnte, habe ich dem Dekan Prof. Bogner und dem Uni-Präsidenten Adolf Theis zu verdanken.

Resümee: Das Elternhaus bestimmt den Zugang zur deutschen Elite ganz direkt. Nicht die Qualifikation, sondern die soziale Herkunft ist entscheidend für die Lebens- und Berufschancen. Die unterschiedlichen Startchancen ziehen sich durch das gesamte Berufsleben. Man kann sagen, dass soziale Filter über die gesamte Lebensspanne und über alle Etappen, in denen gesellschaftlich relevante Ressourcen verteilt werden, hindurch wirken. Der Herkunftseffekt wiegt deutlich schwerer als das Geschlecht. (Vgl. Aladin El-Mafaalani: Drang nach Veränderung – Erfolgreiche Bildungsaufsteiger, in: Forschung und Lehre, Heft 2/15.)
Eine Rechtsgrundlage gegen Diskriminierung bietet nur das Allgemeine Gleichbehandlungsgesetz, das aber die »soziale Herkunft« ausklammert. Bei dem im Grundgesetz (Art. 3) garantierten Recht auf Chancengleichheit handelt es sich um die größte Verfassungs- und Lebenslüge in Deutschland. (Vgl. diverse Artikel in »Forschung und Lehre«, Heft 2/13, S. 102 ff.)

Das Bürgertum betrachtete meine intellektuelle Begabung, meinen Fleiß und meine Disziplin wegen meines familiären Hintergrunds (Aufsteiger aus einfacher, proletarischer Familie) als Provokation. Es hat mir nicht verziehen, dass ich so begabt und tüchtig bin. Ich stand mein ganzes Berufsleben lang unter intensiver Beobachtung der anderen. Ich musste zur Kenntnis nehmen, dass das Bürgertum soziale Aufsteiger aus der Arbeiterschicht gezielt blockiert. So werden soziale Aufsteiger um die Früchte ihrer Arbeit betrogen. Dies gehört zur Verlogenheit des Staats- und Wirtschaftssystems. Viele Bürger haben längst den Glauben verloren, dass Wahrheit, Gerechtigkeit und Recht viel miteinander zu tun haben.

Leider ist den Arbeiterkindern eine Karriere in Wirtschaft, Politik, Verwaltung, Justiz und Wissenschaft weitgehend verschlossen, obwohl sie selbst für eine Durchschnittskarriere viel mehr Energie und Kraft aufwenden müssen. (Vgl. Michael Hartmann: Der Mythos von den Leistungseliten. Spitzenkarrieren und soziale Herkunft in Wirtschaft, Politik, Justiz und Wissenschaft, 2002; Angela Graf: Sozial exklusiv. Über den Zugang zur Wissenschaftselite. In: Forschung und Lehre, Heft 2/17.)

Es handelt sich um eine nicht greifbare Form der Benachteiligung. Da die soziale Herkunft für Arbeiterkinder ein Tabuthema ist, werden sie diese im Berufsleben von sich aus nicht ansprechen.